Hans Bürger

UND
STATT ODER

Ermunterung zu einer
Debattenkultur in Grautönen

braumüller

INHALTSVERZEICHNIS

EIN VORWORT

oder von der morbiden Schönheit der SPALTPILZE

UND!

Dieses kleine Wörtchen verbindet. Und lässt Raum. Es steht am „guten" Ende des heute so viel diskutierten Schwarz-Weiß-Denkens, der Kompromisslosigkeit, des Entweder-oder. UND ist wie GRAU. Wie die „graue" Mitte zwischen Schwarz und Weiß.

UND ist vielleicht auch zwischen links und rechts – geografisch zwischen Nord- und Südpol, also dort, wo sich das Sein ereignet. Und doch hat die Gesellschaft offenbar ihre Liebe zu den Polen entdeckt. In der Qualität ihrer Diskussionskultur.

Die Polarisierung schreitet voran, man fühlt Unbehaglichkeit, Debatten werden immer bedrohlicher geführt. Und das, was kaum für möglich gehalten worden war, in Wahlkämpfen wird gegen Vertreterinnen und Vertreter der Politik sogar Gewalt angewendet.

Doch was hat dazu geführt?

Auch die SPALTPILZE.

Dazu ein kurzer Ausflug in die Biologie: *„(Spalt-)Pilze beeindrucken mich immer wieder auf überraschend neue Weise. Im vorliegenden Fall sprießt aus dem Stamm eines gesundheitlich bereits angeschlagenen Baums ein ganzes Bündel eines Pilzes hervor, das wie ein üppiger Blumenstrauß* *wirkt und den Ernst der Situation zu konterkarieren scheint. Im näheren Umfeld hat bereits die Trockenheit der letzten Jahre gewütet und einen Kahlschlag bewirkt. Der stehen gebliebene Baum war wohl so etwas wie die Hoffnung eines Neuanfangs. Nun zeigt sich mit aller Zwiespältigkeit der wuchernden Schönheit, dass auch für diesen Baum – trotz des Schmucks – die Zukunft fragwürdig geworden ist"[1]*, schreibt der deutsche Physiker, emeritierte Hochschullehrer und Fachdidaktiker Hans-Joachim Schlichting unter dem Titel „Morbide Schönheit". Und weiter: *„Vieles Schöne findet im Verborgenen statt und zeigt, dass es gar nicht als etwas Schönes gedacht war. Erst dadurch, dass ein Mensch es zu Gesicht bekommt, wird es zum Schönen …"[2]* oder *„… in der Natur als Pilz, der sich durch Spaltung verbreitet und den Rest der Welt in Ruhe lässt"[3]*.

Jene Spaltpilze, um die es in diesem Essay gehen soll, *werden* jedoch weder im *Verborgenen zum Schönen* noch lassen sie *den Rest der Welt in Ruhe*. So, wie wir Spaltpilze heute verstehen, schicken sie sich eher immer mehr dazu an, ganze Gesellschaften zu zerstören.

Gemeint sind die Spaltpilze der Gesellschaft, wobei sie zum Gedeihen eine Lücke, ein gutes Wachstumsumfeld und möglichst viel Dunkelheit brauchen (ganz wie ihre biologischen Urahnen). Spaltpilze sind also lange Zeit im Verborgenen, wenn sie dann plötzlich sichtbar werden, ist es meist zu spät. Denn irgendwann ist es ein Spaltpilz zu viel.

Gesellschaftliche Spaltpilze können Politikerinnen oder Politiker sein, Manager, Interessensvertreterinnen, Superreiche, Unverschämte, Eitle im weiten Netz der süchtigen Sensationsempfänger, Künstlerinnen und Künstler, Personen aus der Wissenschaft und der Forschung, auch Ländervertreter mit schönen Stimmen in auffallenden Kostümen bei einem Eurovision Song Contest, Spitzensportlerinnen oder, um zumindest einen Namen zu nennen, Menschen wie Donald Trump.

Diktatoren und Kriegsherren wollen wir beiseitelassen. Auch mit europäischen oder gar deutschen und österreichischen Funktionsträgern in Parteien wollen wir so verfahren, weil es in diesem Essay nicht um Politik gehen soll. Eher um Soziologisches, vielleicht sogar Philosophisches.

Letztlich hat jede und jeder das Zeug zum Spaltpilz, wenn es ihr/ihm nur gelingt, Aufmerksamkeit zu erregen, ins Licht zu geraten, die Scheinwerfer für befristete Zeit geliehen – von den schrillen Medien dieser Zeit. Aber eigentlich soll sich dieses Büchlein gar nicht um die Spaltpilze selbst drehen. Vielmehr wollen wir die Reaktionen auf Spaltpilze der Gesellschaft in den Fokus nehmen. Warum schaffen es bestimmte Personen oder ganze Parteien und Interessensvertretungen immer heftigere Reaktionen in immer größeren Bevölkerungsgruppen auszulösen? In sozialen und unsozialen Netzwerken, in den klassischen elektronischen Medien, bei Großveranstaltungen, nach wie vor bei Stammtischen und – gerade rund um die Coronamaßnahmen – in Freundeskreisen und sogar innerhalb von Familien.

Es sind Risse entstanden. Große und kleine. In nicht wenigen Fällen unkittbar.

Spaltpilze haben diese Risse ausgelöst und zu dem geführt, worum es in diesem Essay gehen wird: um das *Schwarz-Weiß-Denken*. Um das *Entweder-oder*.

Dieses Schwarz-Weiß-Denken nimmt mit steigender Anzahl an „Spaltpilzen" in der Gesellschaft zu. Die breite Mitte der Grautöne wird kleiner. In folgender, selbstverständlich nur beispielhafter, grafischer Darstellung habe ich versucht, die Grundthese dieses Buches zu veranschaulichen.

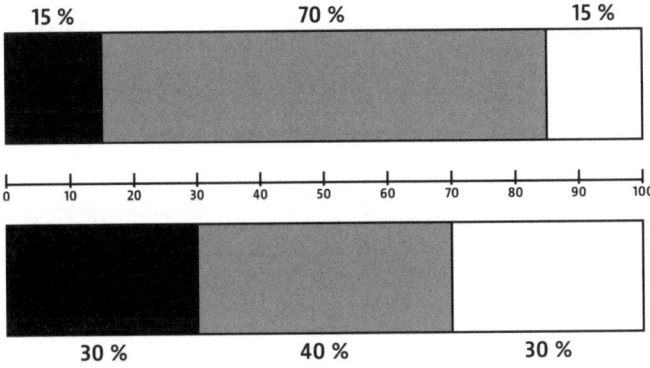

In der oberen Grafik hält die „graue Mitte" der Gesellschaft (Grauzone), in der eine mehr oder weniger ausgeprägte Debattenkultur noch möglich ist, 70 Prozent, die Ränder – eben Schwarz oder Weiß – jeweils 15 Prozent. Der Anteil von sogenannten „Schwarz-Weiß"-Denkern beträgt also 30 Prozent.

In der unteren Grafik hat sich die Stimmungslage gedreht. Mehrere Ereignisse mit „Spaltpilz"-Charakter haben dazu geführt, dass mehr Menschen nur noch in schwarzen oder weißen Mustern denken. Kompromisse lehnen sie ab, die Welt – zu einem speziellen Thema – ist nur noch so oder eben nicht so. Jetzt haben die Schwarz-

Weiß-Denker die Mehrheit. 60 Prozent der Gesellschaft sind nicht mehr bereit, mit den Andersdenkenden zu kommunizieren, deren Argumente für sie uninteressant. Der jeweils eigene Standpunkt ist klar, eindeutig und unveränderbar. Dummes Gerede oder gar harte Kritik der anderen Seite am eigenen Standpunkt verhärtet diesen nur noch.

Die „graue Mitte" der Gesellschaft, in der mithilfe der Vernunft Standpunkte zwar aneinanderprallen, aber zumindest diskutiert werden, schrumpft auf 40 Prozent und stellt gegenüber den Schwarz-Weiß-Denkenden nun die Minderheit.

Das sind vorerst frei erfundene Größen und Zahlen, sie sollen lediglich eine vorherrschende Tendenz veranschaulichen. Empirische Daten dazu finden sich in Kapitel 4.

Und irgendwann war es ein Spaltpilz zu viel. Wann war das? Was diesen Zeitpunkt betrifft, gehen die Meinungen und Ansichten auseinander. Dennoch soll hier folgende Behauptung aufgestellt werden.

Manche Aussagen zur Flüchtlingswelle in Europa ab 2015 haben den (Spaltpilz-)Anstoß für die erste deutliche Zunahme einer sich polarisierenden Gesellschaft und für das daraus folgende Entweder-oder beziehungsweise das Schwarz-Weiß-Denken gegeben. Alles Gesagte und Angedeutete rund um die COVID-19-Pandemie war dann wohl *dieser eine Spaltpilz zu viel*, der die Meinungsströme im Fass der möglichen Debattenkultur – also aus der Grauzone heraus – zum Überlaufen gebracht hat. In Richtung Schwarz oder Weiß. Ein Denken, auf das es sich so angenehm zurückziehen lässt.

Als Kevin Dutton, Psychologieprofessor an der Universität Oxford, 2012 sein Buch „Psychopathen – Was man von Heiligen, Anwälten und Serienmördern lernen kann" veröffentlicht, ist die Aufregung groß. Er selbst habe, wie er in einem Interview verrät, erst später verstanden, dass er mit diesem Buch, das auf einer großen Umfrage in Großbritannien basiert, *die Kategorien in den Köpfen der Menschen durcheinandergebracht"* habe. Denn die Menschen würden es bevorzugen, Dinge in kleine Boxen zu stecken und klare Grenzen zu ziehen. Hier die Guten, dort die Bösen – also auch die Psychopathen. Im selben Interview, das anlässlich des Erscheinens seines Buches „Schwarz. Weiß. Denken! – Warum wir ticken, wie wir ticken, und wie uns die Evolution manipulierbar macht" (2021) geführt wurde, sagt er: *„Wenn unsere prähistorischen Vorfahren ihres Wegs gingen und dabei plötzlich einen Ast sahen, der einer Schlange ähnelte, sprangen sie einfach weg. Warum? Weil es besser ist, falsch zu liegen und umsonst weggesprungen zu sein, als stehen zu bleiben und womöglich gebissen zu werden. Sie haben den Ast als Schlange stereotypisiert, ihn einer Kategorie zugeordnet. Das ist kein Problem, man kann die Gefühle des Asts nicht verletzen. Unsere Gehirne funktionieren allerdings immer noch so und diese Instant-Kategorisierung wird zu einem echten Problem, wenn wir sie auf unsere Mitmenschen anwenden."*[5]

In diesem Essay soll aufgezeigt werden, warum trotz aller Bemühungen, die Debattenkultur in der modernen Gesellschaft auszuweiten und gleichzeitig qualitativ zu verbessern, diese „Kultur" irgendwann an ihre Grenzen gestoßen ist. So wie der „gute Mensch" mit seiner Haupteigenschaft der großen Toleranz gegenüber Andersdenkenden oder Menschen mit anderer Hautfarbe, Religion, Herkunft und politischer Einstellung in immer größer werdenden Teilen der Gesellschaft zum „Gutmenschen" verkehrt worden ist, war in dieser Gruppe die gute Debattenkultur zum Vorwurf der „Political Correctness" mutiert. Seit 2016 wird auch der Begriff „Cancel Culture" verwendet, der Versuch, eine Art allgemeingültiges Fehlverhalten, beleidigende oder diskriminierende Aussagen oder Handlungen, meist in den sozialen Medien und häufig von Prominenten, öffentlich zu ächten. Es kann zu einem völligen sozialen Ausschluss von Personen oder ganzen Organisationen kommen, wenn der Vorwurf rassistischer, antisemitischer, verschwörungsideologischer, frauenverachtender, homophober oder zuletzt auch transphober Aussagen in Teilen der Gesellschaft gegriffen hat.

Die Gegenreaktion: *Ihr betreibt ja eine Zensur-Kultur, ihr politisch Korrekten*!

Die einen stehen auf der ihrer Ansicht ganz sicher „guten", die anderen auf der bösen Seite. Und umgekehrt. Schwarz oder Weiß. Die Grauzone der kultivierten verbalen Auseinandersetzung, des Annehmens von Argumenten der jeweils anderen Gruppe, ist verlassen worden.

Wo findet Polarisierung statt?

Die Antwort ist einfach. In immer mehr Gesellschaftsbereichen. Die folgende Aufzählung soll einen kleinen

Überblick geben, ohne den Anspruch der Vollständigkeit zu erheben.

Coronapandemie: Maßnahmengegner, Impfgegner oder Maßnahmenbefürworter, später Impfbefürworter.

Migration/Flüchtlinge: Willkommenskultur oder Abwehrhaltung.

Ukrainekrieg: Gegen Putins Russland oder zwar kaum ein „für" Putin, aber doch für einen Erklärungsversuch dafür, was Putin zu diesem Krieg gegen die Ukraine veranlasst haben könnte.

Auch in vielen anderen Lebensbereichen hat die Rückkehr in diese Denkweise Platz gegriffen:

Plurale sexuelle Identitäten – dafür oder dagegen

Gendern in der Sprache – dafür oder dagegen

Klimawandel/Klimaschutz – dafür oder dagegen

Verbrenner-Autos – dafür oder dagegen

Europa/EU – dafür oder dagegen

Kosmopolitisch oder **national**

Globalisierung oder **Re-Regionalisierung**

Kritikerinnen und Kritiker dieses Pessimismus, die Welt werde immer gespaltener, wenden ein, was denn daran neu sein solle. Das gesamte politische System sei von – gefühlt – schon ewig während dem Links-Rechts-Denken- und -Wählen geprägt. Und ebenso verhalte es sich mit Arbeitgebern und Arbeitnehmerinnen. Mit Arm und Reich. Mit Oben und Unten. Und als ob es nicht auch schon jahrzehntelang einen BVB-Dortmund gegen den FC Bayern, ein Rapid Wien gegen Austria Wien, ein

Österreich gegen Deutschland oder auch nur ein Bayern gegen Norddeutschland oder die *österreichische*n Bundesländer gegen die Bundeshauptstadt Wien gebe, ein Westen gegen Osten, Nord gegen Süd und, und, und.

Diesen Argumenten ist wohl schwer etwas entgegenzusetzen.

Wirklich nicht?

Ich denke schon. Denn wie wir festgestellt haben, betrifft das Schwarz-Weiß-Denken immer mehr Lebensbereiche. Und nicht nur jene, in denen jahrzehntelang diese Art zu denken vorherrschend war.

Und auch wenn das einige Sozialwissenschaftlerinnen und Soziologen für nicht zulässig erachten (wir werden beim Thema „Triggerpunkte" näher auf sie eingehen), weil empirisch nicht bewiesen, kann man auch folgende These aufstellen: Die jeweiligen Denkweisen lassen sich auf der jeweiligen Seite des Schwarz-Weiß-Denkens durchaus zusammenfassen. Hinzu kommt, dass sich von Jahr zu Jahr mehr *Haltungen* zu bestimmten Themenbereichen zusammenfügen lassen. Und immer wieder sind auch neue Aufsummierungen von Sichtweisen dabei. Das eine in den „schwarzen" Block, das andere in den „weißen". Das eine Richtung Weiß, das andere Richtung Schwarz. Selbst die Autoren des Buches „Triggerpunkte", die diese „Verschmelzung" innerhalb der jeweiligen Meinungsblöcke eigentlich ablehnen, stellen sie zumindest am Beginn ihrer Analyse einander so gegenüber:

Hier die Migrationsoffenen, Rassismus scharf Verurteilenden, diverse Lebensformen wertschätzenden, EU-freundlichen Umweltschützenden.

Da die Antigenderanhänger, Wohlstandchauvinisten, Migrationsgegner und Fleisch-Konsumierer.

Jedoch seien diese einzelnen Themengruppen, argumentiert das deutsche Autorentrio Mau/Lux/Westheuser im Verlauf ihres Buches „Triggerpunkte", viel loser verknüpft als in der Zwei-Welten-Theorie angenommen. Das würden auch ältere Studien belegen. Aber kann man „alte" Studien für ein derartiges Resümee wirklich heranziehen? Ich bezweifle das.

Die Welt der Polarisierung, ja Spaltung, dreht sich bedauerlicherweise keineswegs mit konstanter Geschwindigkeit, sondern mit jedem neu dazustoßenden „Triggerpunkt" schneller und schneller. Jeder „neue Aufreger" lässt sich dem einen oder dem anderen Block zuteilen.

Nehmen wir die neue Kommunikationswelt. Lassen wir deren Entwicklerinnen und Entwicklern weiterhin freien Lauf, oder sagt die Gesellschaft irgendwann „Stopp"? Für mich ist es eines der größten Rätsel in der jüngeren Menschheitsgeschichte, dass dieses „Stopp" nicht schon längst erfolgt ist.

Jugendliche, die zwischen 12 und 13 Stunden am Tag vor und an ihren Geräten hängen, um sich in der virtuellen Welt der (Video-)spiele online wüst gegenseitig zu beschimpfen oder in den diversen hoch technisierten Kommunikationskanälen mehr von sich zu zeigen, als ihnen im späteren Erwachsenleben mit ziemlicher Sicherheit lieb sein wird. Mittlerweile eine Art Normalzustand, der vielen Erwachsenen nicht mehr gefällt, vor allem, wenn sie betroffene Eltern sind, aber irgendwann ist in fast allen Familien der Widerstand gebrochen – und selbst ist man ebenso selten ein Vorbild, man starrt im Schnitt 30–40-mal am Tag auf das Smartphone, Jugendliche liegen bei einem Wert von mehr als 80-mal.

Auch hier passt wenig zwischen die virtuelle Welt der Zukunftsgeneration und der analogen Welt der (ganz) Alten. Fortschrittsanhänger oder Fortschrittsverweigerer. Wobei es längst nicht nur ein „Jung gegen Alt" ist. Immer öfter ist die Ü-60-Generation technikaffiner als je eine Generation der „Alten" zuvor.

Nicht nur die Kommunikation zwischen uns allen hat sich in den vergangenen Jahrzehnten vermillionenfacht, auch die Sprache atmet in immer höherem Tempo mit – nicht nur wegen der Geschwindigkeit des Sprechens, neue Ausdrücke lagern sich in unser Denken, Schreiben und Aussprechen ein, nicht immer wissen alle, was das Gegenüber eigentlich genau meint.

In die größer werdende Verwirrung zwischen Künstlicher Intelligenz und virtueller Halbrealität gesellt sich also noch eine neue Verirrung in Worten.

Dieser Essay soll eine *Ermunterung* sein, sich nach einem Jahrzehnt Unversöhnlichkeit in immer breiteren Bevölkerungsschichten eines kleinen Wörtchens mit großem, verbindendem Charakter zu besinnen. Jenes Wörtchens, das Sätze, Gliedsätze und Satzglieder miteinander verbindet, warum denn nicht auch Menschen und Gesellschaftsgruppen. Werden wir uns dieses Wörtchens wieder bewusst: UND statt Entweder-oder.

1

DAS SCHWIERIGE LEBEN
MIT GRAUTÖNEN

Was machte bis Anfang des 16. Jahrhunderts ein Menschenleben aus?

Stark vereinfacht formuliert war jeder Mensch in eine Kultur, eine Gemeinschaft, eine Religion und letztlich in eine Art Rangordnung hineingeboren worden. Die Antworten auf spätere Sinnfragen waren schon vor dem ersten Blick in diese Welt gegeben. Dafür sorgten schließlich Gott, die Kirchenvertreter auf Erden, Eltern, deren Stand und der Geburtsort.

Ab 1517 entwickelte sich mit Martin Luther die Reformation, die westliche Kirche war gespalten. Ein Vierteljahrhundert später verortete Nikolaus Kopernikus die Sonne statt der Erde als Mittelpunkt unseres Sonnensystems. Die Vorstellung von der Welt änderte sich. Erstmals musste sich der Mensch damit befassen, was denn nun sei, wenn alles infrage gestellt werde. Die ersten zarten Pflänzchen der Hinwendung zum Ich sprossen. Geprägt von enormer Unsicherheit.

Wer bin ich. Wozu bin ich?

Was ist der Sinn des Ganzen?

Von Autoritäten, Erziehung, Freiheitsbegriffen und Polarisierungen in der Gesellschaft

Einige Jahrhunderte danach beschreibt der kanadische Politikwissenschaftler und Philosoph Charles Taylor die spätere Neuzeit als *„Wurzel für die Ratlosigkeit der Moderne"[6]*. Die kosmische Ordnung wird hinterfragt, auf das Ich reduziert. Taylor spricht von einer Verengung des Lebens.

Wie soll eine Gesellschaft funktionieren, wenn nur noch der Blick auf das eigene Ich und der damit einhergehende Wunsch nach Selbstverwirklichung zählen?

Aus der Nationalökonomie kennen wir das sogenannte „Pareto-Optimum" (aufgekommen Ende des 19. Jahrhunderts, nach dem italienischen Ökonomen und Soziologen Vilfredo Pareto benannt). Dieser gesellschaftliche, eben optimale (Wohlfahrts-)zustand ist dann gegeben, wenn niemand sein eigenes Wohlstandsniveau verbessern kann. Würde es ein Individuum dennoch tun, würde automatisch mindestens ein anderes Individuum gegenüber dem bisher gesamt gesehenen optimalen Zustand schlechter gestellt sein. Bis zu diesem Optimum kann also jedes Individuum sein Leben verbessern, die eigene gesellschaftliche Situation durch Umverteilung der Ressourcen erhöhen. Geht man allerdings über diese Grenze hinaus, weil einen etwa die Gier ohne Rücksicht auf Verluste (anderer) antreibt, dann kann man zwar seine eigene Wohlfahrt weiter erhöhen, aber ab diesem Punkt nur noch auf Kosten eines anderen und damit letztlich auf Kosten der Gesellschaft, deren Wohlstand sich durch die auf Egoismus basierende Aktion verringert. Das Pareto-Optimum, der Grundstein der modernen Wohlfahrtsökonomie, besagt: Von einer Steigerung der Wohlfahrt kann strikt nur dann gesprochen werden, wenn der Nutzen zumindest eines Individuums erhöht wird, ohne ein anderes schlechter zu stellen.

Woran sollte man sich also damals am Beginn der Neuzeit orientieren, wenn diese kosmische Weltordnung – Gott, Kirche, Hierarchien – wegfiel? Eine erste Grauzone der Gesellschaft?

Ja, vielleicht. Und dennoch: welch ein Paradies der Orientierungsmöglichkeiten angesichts der überblickbaren Enge des eigenen Lebensraums und weltweit rund 500 Millionen Menschen vor rund 550 Jahren.

Diese erste Nachdenklichkeit von damals ist nichts im Vergleich mit der Situation jetzt im 21. Jahrhundert. Sinnfindung ist längst zur Schwerstarbeit geworden. Was zählt denn noch? Zählt überhaupt noch etwas?

Kirche, Gott, Traditionen – diese Haltegriffe werden vielleicht noch gesehen, aber immer weniger in Anspruch genommen. Vor allem aber werden sie in Zweifel gezogen. Selbstverständlich ist das von Religion zu Religion verschieden, aber in der westlichen Welt geht diese Entwicklung seit Jahrzehnten in die gleiche Richtung. Vor allem im Christentum.

Wie sieht es bei den politischen Systemen aus, den Haltegriffen im digitalen Strom der Unübersichtlichkeit? Mit Stammwählern? Diese sind zusehends als Menschen von gestern gebrandmarkt. Wer wählt denn noch Stammparteien?

Eltern? Auf sie hören? Sicher nicht. Wer macht denn so was?

Oma und Opa, *die Umweltsäue.* Diese Beleidigung der Eltern- und Großelterngeneration findet sich wegen ihres „umweltschädlichen" Verhaltens in den vergangenen Jahrzehnten auf den Transparenten demonstrierender Jugendlicher und in den „unsozialen" Netzen. Man schwankt zwischen Verständnis der besorgten nächsten oder gar „letzten" Generation und großem Ärger, weil jeder auch nur kleinste, früher so selbstverständliche Respekt vor den „Alten" verloren gegangen ist.

Oder die Schule? Kann sie noch ein Haltegriff sein?

Manchmal scheint es, als ob die Coronapandemie mit ihren Lockdowns, inklusive Schulschließungen, ihr den Rest gegeben habe. Auch die Welt der Pädagoginnen, die noch Jahrzehnte nach dem Ende des Zweiten Weltkrieges ein relativ sicherer Ort für Wissensaufnahme und durchaus auch für mehr oder weniger geeignete Instrumente zur Orientierungshilfe gewesen war, ist ins Wanken geraten. Soll man den Lehrpersonen wirklich Glauben schenken? Wozu? Google weiß sowieso alles.

Mit dem Ende der Pandemie scheint ein richtiger Kampf ausgebrochen zu sein. Lehrerinnen und Lehrer, die – coronabedingt – Verzögerungen bei der Vermittlung des Lehrstoffs im Eiltempo aufholen wollen, sehen sich Schülerinnen und Schülern gegenüber, die sich nach oft monatelangen Schulschließungen in genereller Abwehrhaltung üben. Dabei wird oft sträflich übersehen, dass die jungen Menschen in diesen Jahren (2020–2022) niemanden treffen konnten, der Schulunterricht zu Hause allein online am PC stattgefunden hatte, da ist besonders bei pubertierenden Jugendlichen vieles kaputtgegangen.

Wer ist dafür verantwortlich? Wirklich die Politik? Nein, zumindest nicht ausschließlich. Nur den ohne Vorwissen und ohne Erfahrung zum Handeln gezwungenen Politikerinnen und Politikern Fehlentscheidungen vorzuwerfen, wäre zu billig. Heute weiß man es besser. Aber damals?

Schuldzuweisungen, die ohnehin schon die Flüchtlingsdebatte bestimmt haben, vergifteten das Diskussionsklima in der Zeit der Pandemie noch mehr. Aber irgendwer muss doch an all diesen Dingen schuld sein. Aber wer? Gar ich selbst?

Ich kann nicht alles auf dieser Welt allein entscheiden. Für mich. Für meine Familie. Im Berufsleben. An irgendjemanden, an irgendetwas muss ich mich doch anlehnen können? Das Leben im Graubereich ist anstrengender als eines, in dem das meiste klar, weil vorgegeben, ist.

Wenn ich alle Orientierungshilfen oder Autoritäten – früher eine Selbstverständlichkeit, heute als Benennung mehr als umstritten – infrage stelle oder ablehne, wie kann ich das *Alleingelassensein* bei wichtigen Entscheidungen beklagen? Es geht nicht nur um Autoritäten. Pflichtgefühl, Verbote, Gebote sind ebenso „out", widersprechen sie doch dem Grundansinnen einer *wirklich* freien Gesellschaft.

Wieder erinnert man sich an die drei Jahre der Pandemie. Verordnungen befolgen? Grundsätzlich ja. Aber sind in Teilen der Öffentlichkeit die wahren Heldinnen und Helden nicht jene, die sie *nicht* befolgt haben? „*Meine Garagenparty lass ich mir doch nicht von Politikern und Wissenschaftlerinnen verbieten.*"

Jetzt beißt sich sinnbildlich gesprochen die Katze in den Schwanz. Sind nicht immer öfter – und das gerade in den vergangenen Jahren – jene, die sich so selbstverzückt Anordnungen der Politik widersetzen, jene, die sich gerade in unsicheren Zeiten genau diese Autoritäten wünschen?

Also was jetzt? Starke Führer (wir erinnern uns: Unglaubliche 26 Prozent stimmten 2022 in Österreich dem Wunsch nach einem starken Führer *sehr* zu) oder weniger starke Führungspersönlichkeiten, die leichten Verstößen gegen Corona-Maßnahmenverordnungen eher augenzwinkernd begegnen und dann öffentlich die Härte der Exekutive kritisieren? Und sind sich Anhängerinnen und Anhänger einer wirklich starken politischen Führung ganz sicher, dass sie dann, wenn dieser die Macht des Regierens einmal zur Verfügung steht, mehr Freiheit haben als heute?

„Ich will mehr Freiheit" und gleichzeitig *„ich will mehr Führung"* zu rufen, macht einen vernünftigen Diskurs in der „Grauzone der Gesellschaft" schwierig bis unmöglich.

In diesem Essay soll nicht nach parteipolitischen Gesichtspunkten bewertet werden, es geht nur darum aufzuzeigen, dass der Begriff der Freiheit keineswegs eindeutig gesehen werden kann. Eher im Gegenteil. Parteien, Organisationen, Gesellschaften sowie jede und jeder Einzelne klammern sich an eine ganz bestimmte, je nach Eigenbedarf genehme Interpretation.

Während der Zeit der Coronapandemie stand der Vorwurf der angeordneten Freiheitsbeschneidung wieder im Raum. Politik und sogenannte Mainstreammedien wollten die Menschen, das Volk, umerziehen. *„Bravo, genauso ist es!"*, rufen die einen. *„Skandal, ein völlig an den Haaren herbeigezogener Vorwurf!"*, rufen die anderen. Was ist richtig, was ist falsch?

Ist es überhaupt sinnvoll, diese Frage zu stellen? Ist es nicht vielmehr so, dass zu einer vernunftorientierten Debatte dazugehören würde, sich beide Seiten anzuhören? Überspannen vielleicht doch beide Seiten den Bogen in ihrem kompromisslosen Schwarz-Weiß-Denken? Wer will wirklich das Volk umerziehen? Die sogenannten „Systemparteien" oder „Systemmedien"? Welche Belege gibt es dafür?

Es wird auf jeden Fall eine neue Freiheit versprochen, wenn nur die „machtgierige Elite" abgelöst werden würde. Aber folgt diesem System dann nicht ein neues? Mit möglicherweise neuen Einschränkungen, je nach Interpretation des zuvor erwähnten Begriffs der Freiheit?

Ist am Vorwurf, dass sich, um eine bestimmte Regierung zu verhindern, die Gesamtheit aller anderen Parteien immer mehr in Richtung einer „Einheitspartei" entwickelt, etwas dran? Oder kommt es manchmal zu einer Vermischung des journalistischen mit dem erzieherischen Berufsstand, oder stimmt da eher der Vorwurf der böswilligen Unterstellung? Niemals wolle man als Medienvertreter auch Pädagoge spielen.

All das gilt es zu bedenken, zu recherchieren, auch – oder gerade dann – wenn man sich selbst eher als Vertreterin der einen oder eben der anderen Richtung wähnt. Das wäre ein kluges, ja sogar weises Herantasten an Kompromisse mit Weitblick, ein demokratieförderndes Handeln inmitten der breiten Grauzone der Gesellschaft.

Womit wir wieder bei der Frage sind, wer denn im 21. Jahrhundert überhaupt noch als Autorität gesehen und akzeptiert wird? Medien sowie Politikerinnen und Politiker kaum noch. Sie sind im Vertrauensindex der westlichen Welt fast durchgehend auf den letzten beiden Plätzen zu finden.

Früher war das alles anders. Wobei mit „anders" meist „besser" gemeint ist – jedenfalls mit zunehmendem Alter der die allgemeine Lage und *überhaupt alles* Beklagenden.

Einen fast kurios anmutenden Blick auf die euphemistische Betrachtung der Welt von damals wagt der österreichische Historiker und Schriftsteller Gerhard Zeillinger. Er besieht alte Familienbilder und diagnostiziert, dass einem da *„oft seltsam fremde und ernste Gesichter"* entgegenblicken würden: *„… der Vater gebieterisch, die Mutter mahnend und duldend zugleich, die Kinder blass bis freudlos oder bedrückt. Die befremdliche Aura ist Resultat einer Inszenierung des Fotografen, aber auch Ausdruck einer zeitgebundenen Autorität, die sich im Bild verfestigt. Früher war jeder Erwachsene per se autoritär, Eltern, Lehrer, Pfarrer, Polizisten, der Schaffner im Zug, auch der Fotograf."*[7] Zeillinger wird dabei auch sehr persönlich. *„16 Buben im Anzug, 15 Mädchen im weißen Kleid, die Erstkommunionkerze sichtbar in der Hand. Wir hatten auf den Stufen unserer Kirche Aufstellung genommen, mussten minutenlang warten, was uns endlos vorkam, und während der ganzen Zeit ernst und*

ordentlich zum Fotografen sehen. Nur einer hat im ent-
scheidenden Augenblick den Kopf woanders, er blickt zu
Boden: ich. ,Damit hast du deinen Mitschülern die schö-
ne Erinnerung an diesen Tag zerstört.' So oder so ähnlich
klangen die strengen Worte meiner Lehrerin. Ich schämte
mich. Auch vom Vater zu Hause, ebenfalls Lehrer, wurde
ich gerügt. Was ich den anderen da angetan hätte! Das
Bild könne man nun vergessen! Ob mir damals bewusst
war, dass ich mit meiner Fehlleistung die Autorität des
Fotografen und die der Schule untergraben hatte?"[8]

Und heute? Bringt eine neue Respektlosigkeit jene
Grundordnung der Gesellschaft ins Wanken oder hat
sie diese schon von Beginn an verunmöglicht? Frei von
jedwedem Respekt vor Eltern, Lehrerinnen, Politikern,
vor kirchlichen Würdenträgern, Staatsorganen, vor den
Älteren unserer Gesellschaft. Folgende Szenen zwischen
jenen (Eltern oder nur den Älteren), die Richtung geben
wollen, und jenen (Kinder, Jugendliche), die alles wollen, nur keine Richtungsvorgabe, haben viele von uns
mit Sicherheit schon erlebt. Nicht nur als passive Beobachter – viele Eltern wissen, wovon man heute spricht,
wenn sich der Graubereich vernünftiger Kommunikation aufgelöst hat.

„... wenn ich beobachte, was Kinder im Beisein ih-
rer Eltern alles aufführen dürfen, ohne dass nur ein ein-
ziges Wort der Ermahnung fällt. Mit ,antiautoritär' hat
das aber nichts zu tun, es ist vielmehr eine erschreckende
Gleichgültigkeit vieler Erziehungsberechtigter, die weder
ihre Kinder im Blick noch ein Gefühl dafür zu haben
scheinen, ihnen zu vermitteln, was man besser nicht tun

sollte. Aus ihren Kindern sollen ja einmal soziale Wesen werden", formuliert es Schriftsteller Zeillinger.

Vielleicht müssen wir auch hier von einem in diesem Ausmaß noch nicht gekannten Schwarz-Weiß-Denken ausgehen. An den jeweiligen Rändern der Grauzone des respektvollen Miteinanders.

> Schwarz: ihr da, die Autoritäten.
> Weiß: Wertvoll bin ich und sonst niemand.
> Kommunikation in der Mitte: Zeitverschwendung.

Von dem, was der Bürger wirklich denkt, und einer Politik, die nicht immer so handelt

Die Nicht-Kommunikation statt des mühsamen Austausches von Standpunkten wird ein immer größeres Problem. Die Gefahr, dass der notwendige Graubereich des Lebens zur Sperrzone verkommt, steigt stetig an. Doch wie soll eine Gesellschaft ohne Begegnung funktionieren? In einer Welt, die sich ohnehin immer weniger „in Präsenz" denn virtuell zeigt. Wahrscheinlich werden sich Eltern, Bildungsfachleute und am Ende auch die Politik aufraffen und das gefährliche Schwarz-Weiß-Denken in die lange Reihe akuter Handlungsnotwendigkeiten einfügen müssen.

In einer EU-weiten Befragung (26.500 Teilnehmerinnen und Teilnehmer) nennen die Menschen als wichtigsten Bereich, der in Europa diskutiert und behandelt werden sollte, die Bekämpfung sozialer Ausgrenzung. Jede und jeder Dritte sagt, er habe Angst vor Armut, aber auch vor sozialer Isolation. An zweiter Stelle folgt die eindringliche Bitte an die EU-Politik, sich mehr um das Öffentliche Gesundheitswesen zu kümmern. Und an dritter Stelle steht, dass die politisch Verantwortlichen in Brüssel und Straßburg (Sitze des EU-Parlaments, die Umfrage wurde vor der EU-Wahl 2024 durchgeführt) die Wirtschaft unterstützen mögen, auch im Bestreben, Arbeitsplätze zu schaffen.

Es sind die existenziellen Dinge, die zu Herzensangelegenheiten geworden sind. Die breite Mitte der Gesellschaft sieht das Lebensnahe, das sie persönlich betrifft, ihr Schicksal und ihre eigene Zukunft. Man sieht eben nicht nur das Große und Ganze, den Überbau.

Politik und Medien greifen da manchmal daneben, wenn vermeintliche Prioritäten ihre Handlungen und Medienbeiträge bestimmen. Bürgernähe wird zwar jahrzehntelang gepredigt und versprochen, jetzt wird sie von den Bürgerinnen und Bürgern namentlich und konkret eingefordert. Wenn bestimmte politische Kräfte scheitern, wird der Ruf nach starken Männern und Frauen wieder lauter werden.

Sich mit den Menschen wirklich auseinanderzusetzen, ist für die Politik immer weniger möglich, da der direkte Kontakt abnimmt – ausgenommen Kommunal- und zum Teil noch Landespolitikerinnen und -politikern. Das macht die Kommunikation in der „grauen Mitte" der Gesellschaft so schwierig.

Parteikanäle bedienen das jubelnde Stammpublikum. Präsidentinnen und Präsidenten X-en und posten munter dahin, die Botschaften sind nicht neu, den Anhängern gefällt's trotzdem. Für die demokratiebemühte Wählerin, den Wähler gilt nach wie vor: Will ich mehr erfahren als das, das ich schon kenne, muss ich selbst auf Wahrheitssuche gehen. Ein kritisch angelegtes Leben in der Grauzone mit kaum Haltegriffen, Ordnungen oder Richtlinien und ohne Parteiverführer mit geschliffener Rhetorik ist kein einfaches. Fakten, Wahrheiten, die Gabe des Blicks hinter die Parteimaske, Authentizität, vielleicht Weisheit – nichts ist gegeben. Alles muss selbst aufgespürt, geortet, bearbeitet und angeeignet werden. Entdeckt man am Ende den individuellen Schlüssel zum Durchblick, meint man zwar Transparenz und Verständlichkeit gefunden zu haben, ist aber dennoch nicht am wirklichen Verständnis politischer und machtpolitischer Abläufe angelangt. Denn nun beginnt jene lange Phase, in der das rational vielleicht wirklich Verstandene auch *erfahren* werden muss.

Um das zu verdeutlichen, machen wir einen kleinen Ausflug in die Welt des Sports. Nehmen wir einen Skifahrer. Endlich hat er die Ski entdeckt, mit denen er meint, jedes noch so schwierige Gelände bewältigen zu können. Aber das Aufspüren des Geräts war nur der Anfang. Jetzt gilt es, diese beiden Bretter zu er-fahren. Es mag sein, dass es in diesem Winter gelingt, Hang um Hang, Gefälle um Gefälle, ja vielleicht auch Slalomstange um Slalomstange oder Richtungstor um Richtungstor zu beherrschen. Im Winter darauf beginnt allerdings erst die Übung. Üben, üben, üben. So lange, bis – meist unerwartet und ohne

Vorwarnung – ein neues Gefühl Platz greift: Sicherheit. Erst jetzt sind die Abläufe *in* einem. Automatisiert. Durch das Üben in den eigenen Körper (und!) den Geist übergegangen. Nichts kann einen mehr ängstigen, verunsichern. Kein Hang, keine Schneebeschaffenheit. Es fährt. Weil ich es erfahren habe.

Und so soll es auch im Geiste sein. Es genügt nicht, ein philosophisches Werk nur zu lesen. Es gilt: Aneignen. Durchdenken. Das Gelesene leben, es in den Alltag einbauen und immer wieder üben. Dinge zu verstehen, folgt laut antiken Philosophen einem Muster: mit den Sinnen wahrnehmen – erste Erkenntnisse – Erfahrung.

Matt Cutts, ein US-amerikanischer Softwareentwickler und ehemaliger Chef des Web-Spam-Teams bei Google, hatte im März 2011 mit dem bei einer TED-Konferenz völlig unerwarteten Vortrag „Versuchen Sie 30 Tage lang etwas Neues" für größtes Erstaunen gesorgt. Er schlug unter anderem vor, einmal 30 Tage ohne Fernsehen zu leben, dann an 30 Tagen mit dem Fahrrad ins Büro zu radeln oder 30 Nächte lang acht Stunden zu schlafen oder 30 Tage kein Koffein oder keinen Zucker zu sich zu nehmen. Der Techniker empfahl auch, 30 Tage auf das iPhone zu verzichten. Über seine Versuche berichtete er regelmäßig auf seinem Blog. Der Psychologe Michael Tomoff veröffentlichte – wohl ein Zufall – acht Monate später die exakt gleiche Idee. Er zieht folgende Schlüsse: Nach 30 Tagen gehe fast alles in eine Gewohnheit über.

Es geht also um das Üben, und offenbar genügen für manche Tätigkeiten, die zur Gewohnheit werden sollen, 30 Tage. Wer also politische, wirtschaftliche und gesellschaftliche Zusammenhänge nicht nur verstehen, sondern im Idealfall schon vorab, also bevor überhaupt Handlungen gesetzt werden, richtig einschätzen können möchte, muss beobachten und beobachten. Immer wieder. Um für sich beurteilen zu können: Was bedeutet es wirklich, wenn Politikerinnen oder Führungskräfte aus international tätigen Konzernen Parolen in die dichte Kommunikationswelt schleudern? Welche Taten werden diesen Worten folgen und welche Worte doch nur Worte bleiben?

Um nicht zum Schwarz-Weiß-Denker zu werden, wird es wohl auch in der „Grauzone" notwendig werden, Neues zu erlernen und es sich zur Gewohnheit zu machen. Etwa, sich selbst zu informieren. Zum Beispiel vor den Wahlen zum Europaparlament. Obwohl sie alle fünf Jahre stattfinden, hört man von einigen: *„Ich kenne mich da nicht aus, mir fehlen Informationen zu Europa, alles zu kompliziert, niemand informiert mich."*

Das stimmt einfach nicht. Das Gegenteil ist der Fall. Zu viele Informationen verstreuen sich auf zu viele Ausspielkanäle. Aber es ist möglich, das zu finden, was man sucht, vorausgesetzt, man will es finden.

Neuerdings kommen Podcasts sehr gut an, also Audioformate im Netz, deren Bezeichnung eine Wortschöpfung aus dem tragbaren Apple-Musikplayer iPod und Broadcast (Rundfunk) ist. Auch zu den Europathemen gibt es gute Folgen. Man könnte es sich also etwa vor Wahlen zur Gewohnheit machen, ein paar Wochen lang Informationen zu sammeln. Regelmäßig und bei bestimmten Tätigkeiten. Die einen bügeln dabei, die anderen laufen im Grünen. Es geht um die zur Gewohnheit werdende Koppelung von Tätigkeiten. Der Gewohnheitsbildungsexperte James Clear hat das in seinem Buch „Die 1%-Methode" vortrefflich beschrieben.

Informiert man sich nicht selbst, springen oft die Spindoktoren der Parteien ein und liefern meist kurze, knackige Slogans, um Sachverhalte so zu beschreiben, dass sie das Wahlvolk in einer ganz bestimmten Interpretation aufnimmt – und das möglichst schnell. Komplexe Zusammenhänge und einfache Antworten würden nicht vereinbar sein und deshalb politische Populisten Lösungen nur vortäuschen. Nichts lasse sich in der heutigen Welt der komplizierten Abläufe einfach erklären, warnen die einen, die Zustimmung für uns wächst proportional mit der Ratlosigkeit der „Altparteien", kontern die anderen.

Denn am Beginn stehe eine gestörte Kommunikationsbeziehung zwischen Volk und den Eliten. Die „da oben" würden nur noch mit ihresgleichen kommunizieren, gemeint sind damit nicht nur die Regierenden, sondern auch Medienvertreter und Journalistinnen in ihren elitären „Blasen", die schon lange keinen Kontakt zum Volk, zu den Durchschnittsbürgerinnen und -bürgern hätten.

Nicht alle diese Argumente sind falsch. In ziemlich allen Medienunternehmen wird deshalb, vor allem mittels immer detaillierterer Umfragen, versucht, das zu erheben, was den einzelnen Sinusmilieus auf dem Herzen liegt. Das deutsche SINUS-Institut hat es sich zum Ziel gesetzt, Unternehmen sowie gemeinnützigen und öffentlichen Institutionen Daten über Personengruppen zu liefern, die es den Auftraggebern solcher Expertisen ermöglichen, früher und besser eruieren zu können, was Menschen und somit ihre Kunden oder ihre Zielgruppe bewegt. Sinusmilieus sind laut Eigendefinition des Instituts „Gruppen Gleichgesinnter", also Menschen, die ähnlich ticken und eine ähnliche Lebensauffassung und Wertehaltung haben. Obwohl Menschen ein ähnliches Alter, eine ähnliche Bildung oder ein ähnliches Einkommen teilen (soziodemografische Zwillinge), denken sie heutzutage völlig unterschiedlich.

Die Sinusmilieus sind eine Art Gesellschaftsmodell, das vor vier Jahrzehnten entwickelt und immer wieder aktualisiert worden ist.

Berücksichtigt wird die soziale Lage der betreffenden Gruppen und ihre Werte-Grundorientierung.

Nicht zufällig haben deshalb vor allem konservative Parteien in letzter Zeit wieder eine Wertedebatte angestoßen.

Insgesamt sehen „Gesellschaftsforscher" zehn verschiedene Gesellschaftsgruppen. Für Medien und vor allem die Politik lassen sich so bestimmte Menschengruppen viel detaillierter mit bestimmten Programmen ansprechen.

Zu diesen Gruppen gehören **im „traditionellen" Bereich:**

Die Konservativ-Etablierten – eher in den oberen und mittleren sozialen Schichten

Die eher nur Traditionellen – eher untere soziale Schichten, aber bis in die Mitte der Gesellschaft hineinragend

Im Bereich des „modernen" Menschen, der sich zum Teil auch gerne selbst verwirklicht und/oder das Leben genießen kann (je nach sozialer Schicht):

Die Performer – Hürden und Hindernisse im Leben werden als interessante Herausforderung betrachtet, oft ist sehr viel Fachwissen und Innovationsfreude vorhanden.

Die Postmateriellen – gekennzeichnet durch den Wunsch, nicht nur materielle Güter zu sehen, sondern das, was „dahinter" steckt, also höhere Werte wie Umweltschutz, Gesundheit, Kultur oder Glück.

Die Nostalgisch-Bürgerlichen

Die konsumorientiere Basis der sozial ärmeren Schichten

Die adaptiv-pragmatische Mitte der Gesellschaft

Und schließlich der dritte **Bereich der Neuorientierten** und jener, die eine Gesellschaft der vielen Optionen gerne annehmen:

Die kosmopolitischen Individualisten

Die progressiven Realisten

Und die Hedonisten

Es ist also viel zu tun für Politik, Interessensvertreter und Medien, um die jeweiligen Gruppen mit verschiedensten Programmen fokussiert anzusprechen.

Die beiden größten Gruppen sind übrigens Menschen aus der adaptiv-pragmatischen Mitte (14 Prozent) und die Nostalgisch-Bürgerlichen (12 Prozent), die Konservativ-Etablierten, die Postmateriellen und die Hedonisten (alle 11 Prozent).

Sinusmilieumodelle stehen übrigens nicht nur für Österreich, Deutschland und die Schweiz zur Verfügung, sie werden mittlerweile in 50 weiteren Ländern verwendet, stetig aktualisiert und entsprechend den sich ändernden soziokulturellen Bedingungen adaptiert.

Wie wir zuvor gesehen haben, verläuft die Schwarz-Weiß-Debatte nicht nur im deutschsprachigen Raum sehr emotional, mittlerweile gilt auch bei europäischen Themen: Schwarz oder Weiß für mehr Europa, Weiß oder Schwarz gegen Europa. Der Graubereich der differenzierten, langwierigen Debatte, welche Politik die Union machen sollte und welche die Mitgliedsländer selbst, wird zunehmend vom Wahlvolk gemieden. Zu kompliziert das alles.

Von der wachsenden Zahl an Diskussionsvermeidenden und -verweigerern wird dabei übersehen, dass 80 Prozent der Wirtschaftsgesetze, die in einem EU-Mitgliedsland gelten, in Brüssel ausgearbeitet werden. Aber, und das ist der Fehler und eigentlich *das* Wählertäuschungsmanöver vieler Regierungsmitglieder, die in Brüssel europäisch auftreten und danach – wieder zu Hause im Heimatland – europakritisch argumentieren:

Es stimmt nicht, dass „die in Brüssel" irgendetwas beschließen. Die in Brüssel sind wir alle. Die 27 Mitgliedsländer und deren Vertreterinnen und Vertreter in Brüssel. Und niemand stellt infrage, dass insbesondere europäische Entscheidungen eines sehr mühsamen und langwierigen Entscheidungsprozesses bedürfen (in der Grauzone der gefühlt unendlich großen Anzahl der Für und Wider), gilt es doch im Machtdreieck Kommission – Rat – Parlament einen Konsens zu finden.

Vom deutschen Ex-Kanzler Willi Brandt (1913–1992) ist dieses Zitat überliefert. *„Ich glaube nicht, dass diejenigen recht haben, die meinen, Politik besteht darin, zwischen Schwarz und Weiß zu wählen. Man muss sich auch häufig zwischen den verschiedenen Schattierungen des Grau hindurchfinden."*

Es ist nicht so, dass das Wahlvolk zur Differenzierung grundsätzlich nicht bereit wäre, aber an den vorentschiedenen Randbereichen lebt es sich einfach bequemer, innovativ ist dieses Denken nicht, aber einfacher.

Wollen wir nun vom Argumenten-Austausch versus weitgehende kritiklose Annahme aus der Fertigproduktküche der Vereinfacher einen Schritt weiter gehen und uns fragen: Sind eigentlich die einen gut und die anderen böse? Und sind wir ganz sicher, dass veröffentlichte Zuordnungen auch wirklich zutreffen?

Vom Guten und vom Bösen

Lässt sich das Gute zusammenfassen und ist es zulässig, das „Böse" als Gesamtprodukt bestimmter Verhaltensweisen zu fusionieren? Nein, sagen die Autoren des Buches „Triggerpunkte". Kann man das wirklich derart kompromisslos verneinen? Verbindet nicht doch die eine Seite zumindest eine lose Schnur, wie das auch bei der anderen sein könnte? Abgesehen davon, dass es natürlich nicht zulässig ist, Haltungen als grundsätzlich böse zu bezeichnen, solange sie nicht menschenverachtend sind. Zur Erinnerung sei nochmals die aus deren Sicht „unerlaubte" Verschmelzung der zitierten Buchautoren angeführt, nun etwas breiter gestreut:

„*Gut*" wären demnach die Migrationsoffenen, Rassismus scharf verurteilenden, diverse Lebensformen schätzenden, EU-freundlichen, grundsätzlich toleranten, weltoffenen, liberalen Geister, die Umwelt schützenden, erneuerbare Energie verbrauchenden Elektroauto-Fahrerinnen und -Fahrer.

Und „*böse*" die Antigender-Anhänger, Wohlstandchauvinisten, Migrationsgegner, Fleisch-Konsumierer, Heimatbewussten, Europakritischen, wenig Toleranten, hierarchisch Denkenden, Energie verschwendenden Verbrennerauto-Fahrerinnen und Fahrer.

Selbstverständlich sind solche Zuschreibungen nicht sinnvoll, aber gemacht werden diese Zusammenführungen trotzdem. „*Noch vor gar nicht allzu langer Zeit schien eine derart klare Aufteilung in hell und dunkel tatsächlich eindeutig in die Welt der Fiktion zu gehören. Oder wahlweise auch in die Welt der Religion (…) und noch bis zur Jahrtausendwende hätte ein aufmerksamer Beobachter des politischen Weltgeschehens das Gut-Böse-Schema wohl ebenfalls in die Mottenkiste überkommener Geschichten verbannt"*[9], schreibt die Philosophin Svenja Flaßpöhler. Und es ist ja auch so, dass zur Jahrtausendwende der Kalte Krieg vorbei und der westliche Liberalismus (zum Teil) auf dem Siegeszug gewesen war. Nur etwas mehr als zwei Jahrzehnte haben genügt, um die europäische Welt heute anders sehen zu müssen (eigentlich auch schon wegen der Annexion der Krim durch Russland 2014, die der Westen – weshalb auch immer – noch toleriert). Und 2024? Ukraine, Putin, der Nahe Osten, die Palästinenser, die Israeli, die AfD, die FPÖ, die Demonstrationen gegen rechts, der Sturm der Trump-Anhänger auf das Kapitol. Da sei man schon dazu verführt, die Welt wieder in Gut und Böse einzuteilen, so die deutsche Philosophin. Doch wer dies mache, glaube letztlich an den Sieg des Guten[10], warnt der wegen seiner Nicht-Distanz zum NS-Regime umstrittene, aber doch bis heute auch in seriösen Veröffentlichungen oft zitierte deutsche Staatstheoretiker Carl Schmitt.

„Politisches Denken und politischer Instinkt bewähren sich theoretisch und praktisch an der Fähigkeit, Freund und Feind zu unterscheiden. Die Höhepunkte der großen Politik sind zugleich die Augenblicke, in denen der Feind in konkreter Deutlichkeit als Feind erkannt wird. (…) Eine Welt, in der die Möglichkeit eines solchen Kampfes restlos beseitigt und verschwunden ist, ein endgültig pazifizierter Erdball, wäre eine Welt ohne die Unterscheidung von Freund und Feind und infolgedessen eine Welt ohne Politik."[11]

Carl Schmitt hat diese Sätze 1932 verfasst.

Da die politische Welt aber kein Universum, sondern im Gegenteil ein Pluriversum sei, sei der Zustand
eines am Ende guten, die ganze Menschheit umfassenden Weltstaates nicht machbar. Die Menschheit, die
Demokratie und die Politik leben von der Auseinandersetzung. Aber das muss (müsste) nicht Hass sein. Laut
Carl Schmitt ist ein Freund-/Feind-Denken notwendig. Irgendwie klingt es logisch. Nur wer Feinde hat,
schließe sich zur dagegenhaltenden Gruppe zusammen
und damit zu einer für die Demokratie notwendigen
Einheit. Und so sagen heute manche Politologinnen
und Philosophen: Ohne die AfD hätten sich nie solche Massen an Gegen-Rechts-Demonstrationen zusammengefunden. Und wäre die nach der Coronazeit und
den Ungarn-Ausritten teils heftig zerstrittene Europäische Union je so geeint aufgetreten, hätte nicht Putin
die Ukraine überfallen?

Dennoch müssen einem solche zwangslogischen
Überlegungen nicht gefallen. Was bringen sie denn auf
den Punkt?

Es *muss* nahezu etwas Schlimmes passieren, damit sich die Gegenseite zu einer Einheit findet. Passiert
nichts, schläft „das Gute". Passiert etwas, wacht zwar
„das Gute" auf, aber das Böse wächst ebenso. Am Ende
wird immer nur Bildung helfen. Für alle. Auch für jene,
die nach Europa kommen, weil sie hier eine neue Heimat
finden wollen.

Der einzige Ausweg aus *Hass gegen Hass* wird ein Umdenken sein müssen. Von beiden Seiten. Rechte, aber auch Linke werden einsehen müssen, dass der Weltschöpfer (wer auch immer das gewesen sein mag) nicht ausschließlich ihnen die absolute Weisheit mitgegeben hat. Intoleranz, vor allem die Verweigerung jedweden Zuhörens, schadet beiden Seiten. Weit rechts der Mitte ist Toleranz gegenüber aus ihrer Sicht Andersdenkenden und -handelnden ohnehin eher nur eine Randerscheinung, doch Kritikerinnen und Kritiker beklagen bei gesellschaftspolitisch eher links stehenden Menschen zunehmend ein intolerantes Verhalten und eine ebensolche Ausdrucksweise.

Was sollte man nun von einer breiteren grauen Mitte erwarten können?

Eigentlich eine *„graue Welt"* mit Meinungsverschiedenheiten, Konflikten, Auseinandersetzungen, sogar mit dem Schmitt'schen Freund-/Feind-Schema – nur nicht mit einem: dem Schwarz-Weiß-Denken. Dort lauern Unversöhnlichkeit und Hass.

Wer nicht in der Lage sei, von seinen Ansichten – und sei es auch nur probeweise – einen Schritt zurückzutreten und die eigene Position als eine von mehreren möglichen zu begreifen, laufe Gefahr, ebenjener Sucht der Rechthaberei zu verfallen, *„die das Ende jeder Verstehensbemühung bedeutet"[12]*, diagnostiziert der deutsche Philosoph Fabian Bernhardt. „Einen Schritt zurückzutreten", bedeutet nicht, seine eigene Haltung über Bord zu werfen. Im Gegenteil, politisches Geschehen ist überhaupt erst durch Antagonismus, also Widerstreit, möglich.

Mit ihrer erstmals 1985 veröffentlichten Theorie der „radikalen Demokratie" wird die belgische Politikwissenschaftlerin Chantal Mouffe zur Vordenkerin für politische Protestbewegungen wie die linkspopulistische Partei Podemos (übersetzt „Wir können", seit Frühjahr 2014) in Spanien oder Syriza (Synaspismos Rizospastikis Aristeras, übersetzt „Koalition der Radikalen Linken", seit 2004) in Griechenland. Der große Unterschied zu den Theorien von Carl Schmitt: Mouffe glaubt an die Möglichkeit einer friedlichen Austragung völlig gegensätzlicher Standpunkte. Das macht für sie eine funktionierende Demokratie aus. Aber auch sie sagt: *„Konsens ist das Ende der Politik."*[13] Aus Feinden müssten Gegner werden, dann würde der notwendige demokratische Widerstreit so verlaufen, dass niemand zu Schaden käme. *„Es gibt keine Identität, die nicht als Differenz konstruiert wäre. Um eine Identität zu haben, muss man sie von einem Außen unterscheiden. Und dieses Außen ist nicht nur etwas, das nebensächlich oder ‚nebenan' wäre, sondern es ist etwas Konstitutives. (…) Wenn Liberale versuchen, über Politik zu sprechen, verwenden sie ökonomisches oder moralisches Vokabular. Das schrieb Schmitt in den zwanziger Jahren, aber es traf genauso auch auf die Achtziger zu. Das Modell der aggregativen Demokratie ist ein Versuch, Demokratie in ökonomische Begriffe zu fassen. (…) im Bereich der Politik (sind dann) nur Individuen am Werk, die versuchen, ihre jeweiligen Vorteile zu maximieren. Dazu kann man mit*

John Rawls und Jürgen Habermas sagen: Das ist eine sehr instrumentalistische Auffassung von Demokratie."[14]

Man müsse aus Sicht der belgischen Politikwissenschaftlerin die Unauflösbarkeit eines Widerstreits anerkennen. Konsens *könne* nicht erreicht werden, weder mittels bestimmter (ökonomischer) Werkzeuge noch mit besonnener Kommunikation. Der Individualismus ist für Mouffe zu wenig. In der Politik gehe es um kollektive Identitäten, Aber die Politikwissenschaftlerin bleibt optimistisch. Weder befürchtet sie wie Carl Schmitt, dass Gegensätze zwangsläufig zu Bürgerkriegen führen, noch teilt sie die Bedenken von Jürgen Habermas, wonach das Akzeptieren von Antagonismus in der Politik eine pluralistische Demokratie verunmögliche. Eine Demokratie müsse Widerstreit aushalten, wie sie weiter ausführt: *„Aber ich halte dagegen, dass Antagonismus sich auch anders ausdrücken kann. Diese andere Form nenne ich Agonismus. Wenn in einer Konfrontation keine vernünftige Schlichtung möglich ist, also ein Antagonismus bestehen bleibt, dann bedeutet Agonismus, dass Sie den Kontrahenten nicht als Feind betrachten, den Sie auslöschen müssen, sondern als Gegner. Ein Gegner ist sozusagen ein legitimer Feind: ein Feind, dem Sie das Recht einräumen, seine Ansichten zu verfechten. Die Auseinandersetzung wird dann mittels demokratischer Verfahren geführt.*"[15]

Der Antrieb Mouffes, das Buch „Über das Politische" (2007) zu schreiben, sei der Erfolg von Jörg Haider in Österreich gewesen. Laut der Politikwissenschaftlerin sei es wohl die Sozialpartnerschaft in Österreich gewesen, die den Aufstieg der Freiheitlichen Partei begünstigt habe. Dem muss aus heutiger Sicht zugestimmt werden. Möglicherweise hat es sich auch als nicht vernünftig erwiesen, vielleicht sogar als kontraproduktiv, das Wählen gegen „sehr rechts" als alternativlos zu bezeichnen. Alternativlosigkeit schreckt Wählerinnen und Wähler ab oder führt in einer „Jetzt-erst-recht"-Stimmung ohnehin zum gegenteiligen Effekt.

Rund vier Jahrzehnte lang, seit Ende des Zweiten Weltkriegs, hat diese Warnung bei der breiten Masse des Wahlvolks auch gegriffen. Es bedurfte letztlich jedoch nicht mehr als einer eloquenten, charismatischen und gebildeten Persönlichkeit, die selbst erbitterte Gegner Jörg Haider attestierten. Dazu Chantal Moufee: *„Wenn rechte Mitte und linke Mitte im Wesentlichen die gleiche Politik machen, verlieren die Leute das Interesse an Politik und bleiben den Wahlen fern. Dann lassen sich kollektive Identitäten nicht mehr in Form politischer Kategorien ausdrücken. Der Fall Haider machte das offenkundig. Es gab eine Menge Leute, die sich vom politischen System ausgeschlossen fühlten. Da kam Haider an und sagte: ,Hier habt ihr eine Alternative, ich gebe den Menschen wieder eine Stimme.' Nach ähnlichem Muster haben sich inzwischen überall in Europa rechtspopulistische Parteien gebildet."*[16]

Sich mit Chantal Mouffe zu beschäftigen, ist gerade im Rahmen dieses Essays riskant. Denn bringt man ihre Ideen auf den Punkt, sagt sie letztlich, dass jeder Konsens der Mitte das Ende der Politik sei. Was bedeutet das umgelegt auf die hier dargelegte Argumentation, dass sich vernünftige Diskussionen genau in diesem Graubereich vollziehen sollten?

Auf den ersten Blick ist das in der Tat ein Widerspruch zu Chantal Mouffe, auf den zweiten Blick nicht. In diesem Essay wird die Grauzone der (sehr) breiten Mitte ja nicht als Oase des Konsenses verstanden. Dort soll sehr wohl Meinung auf Meinung prallen. Aber eben geordnet und nicht bis zum Hass. Was heißt das nun für das „alte" Links-Rechts-Denken?

Vielleicht ist es längst an der Zeit, eine andere Grenze zu ziehen.

Weltvernetzt oder isoliert – von Finanz- und Casinokapitalismus und der Lebensrealität der Menschen

Der Spruch zur Jahrtausendwende „Geht's der Wirtschaft gut, geht's den Menschen gut" gehört in die Welt des Homo oeconomicus. Jahrzehntelang war er dort goldene Richtschnur für neoklassisch denkende Ökonomen und neoliberale Politikerinnen. In der realen Welt hat er nichts mehr verloren, denn diese „Automatik" funktioniert nicht. Deshalb könnte man ergänzen: Geht's der Wirtschaft und dem Sozialstaat (zumindest halbwegs) gut, geht's dem Menschen hoffentlich besser. Der Homo oeconomicus lässt sich am besten so beschreiben: kühl kalkulierend, in Wirtschaftsabläufen rein rational agierend, alle Informationen über den Markt stets im Blickfeld, völlige Transparenz also, alle Märkte im Gleichgewicht – Güter-, Dienstleistungs-, Arbeits- und Kapitalmarkt. Manche Volkswirte und Politikerinnen träumen diesen Traum noch immer. Spätestens seit der zweiten Weltwirtschaftskrise 2008/2009 sind aber doch die meisten Teilnehmerinnen und Teilnehmer des weltweiten Wirtschaftskreislaufes aufgewacht.

Grundsätzlich ist mit Kapitalismus der Güter-, Dienstleistungs-, Kapital- und Arbeitsmarkt gemeint. Seit den 1980er-Jahren geht es aber immer mehr um die weltweite Spekulation, die Devise lautete: Weg vom „realen" Kapitalismus, hin zum globalisierten Finanz- und Casinokapitalismus. Also: guter (realer) Kapitalismus versus böser (spekulativer) Kapitalismus? Das könnte durchaus so gesehen werden. Schon 2009 war das Weltfinanzvolumen 65-mal so groß wie die Wertschöpfung der weltweiten Realwirtschaft. Die Schere ist noch viel weiter aufgegangen. Exakte aktuelle Zahlen fehlen. Wohl aus gutem Grund.

Man könnte heute als eines von mehreren Zielen formulieren: Geht's den Menschen gut, geht's der Wirtschaft gut. Beziehungsweise noch konkreter: Geht's Mensch und Umwelt gut, geht's der Wirtschaft gut. Eine neue „Grenzziehung" anhand des Menschen, des Menschlichen, wäre dringend angebracht.

Hier Globalisierung und Finanzkapitalismus und dort die Folgen für den einzelnen Menschen.

Hier eine komplett vernetzte Welt der Kommunikation, der Ökonomie, der Konzerne, der politischen Machtspiele und dort der einzelne Mensch.

Hier die unvorstellbare Summe von einer Billiarde Dollar, die im Schnitt weltweit unterwegs ist, und dort der einzelne Mensch.

Hier also 1.200.000.000.000.000 US-Dollar, dort 4000 Euro brutto, wenn der einzelne Mensch in Deutschland oder Österreich lebt, 7500 Euro brutto, wenn er in der Schweiz arbeitet, oder 450 Euro brutto im Monat, wenn er sein Geld in Aserbaidschan verdienen muss. Dass Bernard Arnault, Jeff Bezos, Elon Musk, Mark Zuckerberg und Larry Ellison rund 1000 Milliarden Dollar zur Verfügung stehen, ist eine andere Geschichte.

Es geht nicht um Summen. Es geht um eine neue Grenzziehung. Der Mensch wird spätestens ab der Mitte des 21. Jahrhunderts einer dieser beiden Gruppen angehören:

Mitten im digitalen System und damit „dabei" oder

aus dem System aus- oder nie eingestiegen – und deshalb in immer mehr Fällen einsam und damit nicht mehr „dabei".

Wer zu jenen gehören will, die „dabei" sind, wird sich in die Grauzone des Diskurses aufmachen müssen. Informieren, recherchieren, argumentieren und sehr geduldig sein. Wem das zu mühsam ist, aus welchen Gründen auch immer (Alter, sozial ausgegrenzt, überfordert), wird auf die Kurzbotschaften mancher Parteien, mancher Verführerinnen, Blender und Einfach-Erklärerinnen, Anlageberater, Finanzgurus, Psychologinnen und Psychiater angewiesen sein. Ein zu pessimistischer Weltblick?

Vielleicht.

Hoffentlich.

Chantal Mouffe nennt zwei Hauptgründe für eine Grenzziehung im Hinblick auf die Menschen: *„Zum einen das Verschwimmen der Unterscheidung von Links und*

Rechts, weil die vormals linken Parteien in die Mitte ge-
rückt sind. Zum anderen den Wandel, den die neue Form
des globalisierten Finanzkapitalismus mit sich gebracht hat.
In der Vergangenheit betraf der Kapitalismus vor allem die
Arbeitswelt. Heute hat er alle Bereiche des Lebens erfasst.
Deshalb darf sich das emanzipatorische Projekt nicht mehr
allein an die Arbeiterklasse richten, denn es lassen sich ja
noch viel mehr Menschen dafür gewinnen. Das meine ich,
wenn ich von der Errichtung einer populistischen Grenze
zwischen den Menschen und dem Establishment spreche.
(…) Heute muss die Grenze von all den Menschen gemein-
sam geschaffen werden, die den Kräften der neoliberalen
Globalisierung ausgesetzt sind."[47] Wo die Linke das nicht
begreife, drohe der Rechtspopulismus die Oberhand zu
gewinnen, denn der habe seine Grenze schon gezogen.
Die Warnung vor Abschottung des einzelnen Menschen
in einer immer undurchsichtigeren Welt ist nicht neu.
Das betrifft auch den Umgang mit Finanzen. Der anerkannte Nationalökonom Kurt W. Rothschild hat deshalb
in unserem 2009 erschienenen Buch „Wie Wirtschaft die
Welt bewegt" – also mitten in der zweiten Weltfinanz-
krise – dieses Resümee gezogen:

„Für die Zukunft bedeutender ist aber der Umstand,
dass die Krise eine breite Einsicht und Diskussion über die
Notwendigkeit einer künftigen Re-Regulierung des Finanz-
sektors ausgelöst hat, die eine Wiederkehr solcher verheeren-
den Spekulations- und Finanzkrisen verhindern soll. Diese
Diskussion, die noch durchaus im Laufen ist, beschäftigt
sich hauptsächlich mit der Frage, wie man das Finanzsystem
so gestalten kann, dass es nachhaltig mehr Verantwortungs-

und Risikobewusstsein schafft und dass spekulative Exzesse vermieden werden. (…) Zu nennen wären neben einer generellen Forderung nach einer effizienteren Beaufsichtigung der Finanzmärkte Maßnahmen bezüglich höherer Eigenkapitalquoten der Banken, Transaktionssteuern auf Finanzmarktaktionen (Tobin-Steuer), verlässlichere Ratingagenturen, transparentere Bilanzen, Trockenlegung der Offshore Finanzzentren, Kontrolle oder Abschaffung der Hedgefonds und ähnliches mehr. (…) historische Studien (Anm.: des Ökonomen Minsky) zeigten, dass sich nach einer größeren Krise meist eine Bereitschaft zu Reformen und zu einem verantwortungsvollen risikobewussten Verhalten einstellt, dies aber nach einer längeren ‚goldenen‘ Periode wirtschaftlicher Bedingungen wieder verblasst. Es kommt dann wieder zu einer Suche nach höheren Renditen durch risikoreichere und spekulative Aktionen, die schließlich zu neuen Krisenzuständen führen. (…) Ein solcher ‚Minsky-Prozess‘ kann sich durchaus wiederholen. Nach wie vor existieren einflussreiche Wirtschaftsakteure, die an einer prinzipiell unbehinderten Dispositions- und Aktionsfreiheit auf den nationalen und internationalen Märkten interessiert sind. Mit Widerständen gegen eine Realisierung von stabilitätsorientierten Regulierungsvorschlägen und eine stärkere Berücksichtigung sozialer und ökologischer Folgeerscheinungen ist daher zu rechnen.“[18]

Diesen klugen Worten ist wenig entgegenzusetzen. Wenn die Menschen den Kontakt zur Realwirtschaft – Güter, Dienstleistungen, Arbeit, Kapital – verlieren, fühlen sie sich aufgrund der Komplexität der Finanz-/ Spekulations- und „Casino"-Welt – noch im besten

Sinn – überfordert. Im schlimmeren Fall aber überrumpelt, getäuscht und letztlich über den Tisch gezogen von sogenannten Finanzexpertinnen und -experten, zum Teil auch von Bankberatern, Vermögensberaterinnen und letztlich von der ganzen „unheimlichen" Globalisierungswelt. Die Reaktionen eines „normalen" Menschen in einer derart misslichen Lage sind der Rückzug und Gedanken wie: *„Die richten es sich ohnehin da oben. Die Konzernmanagerinnen, Bonzen, die Bösen – Finanzhaie & Co –, und die Politik schaut zu. Die heimische (nationale) Politik ohnehin, weil sie im weltweiten Gefüge machtlos ist, die EU-Politik, weil sie zu chaotisch ist, und die Weltpolitik gibt es ohnehin nicht."* Eine Flucht ins Schwarz-Weiß-Denken wird die logische Folge sein. Und schließlich wird – bei Wahlen – jenen politischen Parteiführerinnen und -führern die Stimme gegeben (vielleicht auch nur für eine Periode geliehen) werden, die am lautesten „gegen die da oben" wettern. Es wird dann lange Zeiträume brauchen, bis man – wenn überhaupt – bereit ist, in die graue Argumentationszone der breiten Mitte zurückzukehren.

Aber, wir haben es schon anklingen lassen, was, wenn auch der Graubereich für viele Menschen keine Alternative darstellt, weil sich bei bestimmten Themen und Sachverhalten die sogenannte Allgemeinheit auf Normen und Ansichten festgelegt hat? Was, wenn so manches „ganz, ganz sicher" weiß oder schwarz ist oder zu sein hat, weil es daran einfach nichts zu rütteln gibt? Wäre es da nicht sogar verfehlt, unseriös oder gar unmoralisch, das überhaupt zu diskutieren und sich damit im Graubereich auseinanderzusetzen?

Beispiel Ukrainekrieg: Interessanterweise fordern hier nicht selten rechtspopulistische Parteien die Grauzone ein. Es sei zu einfach, Russland unter Putin *nur als Aggressor* zu sehen. Die Putin-Gegner ließen in der Debatte alle Grautöne vermissen, die sicherheitspolitische Lage sei viel zu komplex für eine Täter-Opfer-Darstellung. Für die Diskussion um die NATO-Erweiterung in Europa sei schließlich der Westen verantwortlich, man müsse die Rolle Russlands als Reagierender zumindest ansprechen dürfen. Der deutsche Kulturwissenschaftler, Philosoph, Medienkünstler, Bodybuilder und Fitnesstrainer Jörg Scheller schreibt dazu im Juni 2022 auf X: *„Wenn Kommentatoren genau in dem Moment, wo ein völkerrechtswidriger Angriffskrieg beginnt, Bomben fallen, vergewaltigt, deportiert, gehungert wird, ihre Liebe zu ‚Grauzonen‘, ‚Differenzierung‘ und ‚Komplexität‘ entdecken, dann weiß man, um was für eine Klientel es sich handelt."*[19]

Dem von der Neuen Zürcher Zeitung 2016 als „Kreuz-und-quer-Denker"[20] porträtierten Jörg Scheller gelingt es damit nicht, eine Grau-Debatte zu beenden, abgesehen davon, dass es einem Einzelnen oder auch nur wenigen gar nicht möglich wäre. Vor allem auch, weil jene, die in der Russland-/Ukraine-Auseinandersetzung die Grautöne einfordern, gar nicht eine Debatte im mittleren Graubereich führen, sondern es sich viel eher um den Gegenpol zu Putin-Kritikern handelt, also die „Putin-schon-auch-ein-wenig-Versteher", was die Diskussion um Grau- und Schwarz-/Weiß-Bereiche noch komplexer erscheinen lässt, als sie ohnehin schon ist.

Es gebe eben Fragen, bei denen man aus Gründen darauf beharren könne und sogar müsse, dass der andere eben *nicht* recht habe, sagt der Philosoph Fabian Bernhardt. Insbesondere dann, wenn grundlegende Werte des Zusammenlebens auf dem Spiel stünden: *„Rassisten, Sexisten, Antisemiten und Islamhasser haben nicht recht. Punkt.“[21]*

Grau statt bunt, weshalb sich das Unbeliebte durchgesetzt hat – eine Philosophie der Farbenlehre

Dass die Sprache ein Werkzeug des Lebens ist, zieht sich als Erkenntnis jahrhundertelang sowohl durch ernst zu nehmende Werke großer Philosophen als auch durch philosophische Betrachtungen, denen man das Fehlen wissenschaftlicher Fundierung nicht selten anmerkt. Umso interessanter, fast seltsam erscheint es, weshalb man den Mittelbereich zwischen Schwarz- und Weiß-Denken – die Zielzone des Debattierens und der Lebensbetrachtungen an sich – mit der (Nicht-)Farbe Grau definiert hat.

Das Grau hat wenig Sympathisches an sich, gilt im besten Fall als harmonisch, im Normalfall aber eher als einfallslos und langweilig. Man hätte sich auch auf die bunte Mitte einigen können, auf das große Farbenspektrum zwischen den Rändern Schwarz und Weiß, sind mit einer bunten Gesellschaft im 21. Jahrhundert durchaus Toleranz, Respekt, Vielfalt und Akzeptanz gemeint. Doch wird gerade das Bunte von jenen Menschen, die dieser meist in Regenbogenfarben leuchtenden Welt skeptisch gegenüberstehen, eher mit „links" oder „grün-linksliberal" assoziiert. Und so bleibt die Debattenkultur im allgemeinen Sprachgebrauch wohl noch einige Zeit in der Grauzone beheimatet, auch wenn mit Grau selten gemischt, vielgestaltig verbunden wird.

Philosophie und Farbenlehre

Die Farbe Grau hat ihre Anhänger. Der deutsche Philosoph Peter Sloterdijk hat sogar ein wirkmächtiges Plädoyer für das Grau verfasst. In seinem Buch „Wer noch kein Grau gedacht hat" untersucht er die Grauzone, die Existenz in dieser und lebt seine Suche nach einem neuen Konservativismus aus. Meike Feßmann vom Deutschlandfunk stellt zwar fest, dass das Buch nicht frei von Ressentiments sei, *„aber immer wieder so brillant in den Details, dass poetische Begrifflichkeit zum Präzisionsinstrument wird"[22]*. Der Buchtitel spielt auf den Ausspruch des vor knapp 120 Jahren verstorbenen französischen Malers Paul Cézanne *„Solange man kein Grau gemalt hat, ist man kein Maler"[23]* an. Demnach ist also, wer noch kein Grau gedacht hat, kein Philosoph. Sloterdijk findet in seinem Buch ein wahres verbales Kraftpaket, um die Grauzone des Denkens zu beschreiben: das Gleichgültige, das Trostlose, das Ungefähre, das Ungewisse, das Unentschiedene, das Unbestimmte, das in die Länge Gezogene, das Immergleiche, das Eindimensionale, das Tendenzlose und viele Zuschreibungen mehr[24]. Weiters stehe das Grau für Mittleres, Neutrales, Unbesonderes, für die Einbettung in Gewöhnliches jenseits von Lust und Unlust.[25]

Mit diesem „Farbenspiel" in Grau hat sich nur zwei Jahre vor Sloterdijk auch der deutsche Philosoph Ludger Schwarte auseinandergesetzt. Sein 2020 erschienenes Werk „Denken in Farbe" ist eine harte Kritik an der Philosophie der vergangenen 2500 Jahre, denn sie habe *„das Thema Farbe sträflich vernachlässigt"*[26], wie er selbst in einem Interview sagt. Stattdessen sei die Form bei vielen großen Denkerinnen und Denkern im Vordergrund gestanden, wie man überhaupt eine Vernachlässigung der Sinne gegenüber dem reinen Intellekt konstatieren könne. Diese Vernachlässigung sei eigentlich nicht nachzuvollziehen, denn selbstverständlich hätten Farben einen großen Einfluss auf unsere emotionale Gestimmtheit. Unter anderem deshalb, weil unser vegetatives Nervensystem auf unterschiedliche Farben unterschiedlich reagiere. Als konkretes Beispiel nennt Schwarte den Lackmustest, bei dem der pH-Wert einer Substanz mithilfe des Farbindikators Lackmus bestimmt wird. Bekannter ist seine Bedeutung im übertragenen Sinn, wonach mit einem Lackmustest der Wahrheitsgehalt beziehungsweise der Realitätsbezug einer Aussage überprüft wird. Ähnlich geht man bei der Magnetresonanztomographie oder in der Astrophysik vor. Ein durchaus gewagter Vergleich, aber man stelle sich vor, diese bildgebenden Verfahren würden lediglich Ergebnisse in Schwarz und Weiß bringen, welche Erkenntnisse uns bis heute verborgen geblieben wären. Der deutsche Philosoph sieht sogar eine klare politische Tangente der Beschäftigung mit Farbe: *„Je bunter wir zu denken in der Lage sind, desto friedlicher kann unser Umgang untereinander sein, weil Frontstellungen immer schon Operationen sind, die eine Grenze markieren wollen, die Farben voneinander trennen, sie gegeneinander ausspielen oder gerade die Farbigkeit auszublenden versuchen. (...) Man kann rein farblogisch Schwarz und Weiß gegenüberstellen, aber in der Realität tauchen sie so nicht auf. Es handelt sich immer um Übergänge, was auch etwas ist, das jedem einleuchten wird, der oder die schon ein bisschen in der Welt herumgekommen ist und unterschiedliche Hauttönungstypen an sich selbst bemerkt hat. Der logische Gegensatz zwischen dem Hellsten und dem Dunkelsten entspricht nicht den Farben Schwarz und Weiß. Zum Wissen der Malerei zählt, dass bestimmte Blautöne noch dunkler wirken als Schwarz. Ich glaube auch, dass es totalitäre Bewegungen und Regime wie der Nationalsozialismus aufgrund dieser Buntheit der Welt heute nicht mehr so leicht haben. (…) die Tatsache, dass es etwas gibt, was nicht ich ist, was zu mir im Kontrast, mir entgegensteht, macht die Welt ja viel interessanter, indem es sie bunter macht. Und genau das ist es, was ich mit Denken in Farbe meine: Wenn wir in Farbe denken, lernen wir die Nuancen zwischen den Festschreibungen und den Kontrast zu lieben. Malen ist in diesem Sinne eine grundlegende Tätigkeit von Weltaneignung.“*[27]

Es ist übrigens nicht in allen Lebensbereichen so, dass der Farbe Grau Ödes und Altmodisches anhaftet. Manchmal liegt Grau so richtig im Trend. Bedauerlicherweise nur dort, wo es die Geschichte der Menschheit nicht dramatisch beeinflussen wird. Etwa am Lieblings-spielzeug Erwachsener (vor der Erfindung des Smart-phones): am Auto.

Lange Zeit hat ein Boom angehalten: sich ein Auto in grauer Farbe anzuschaffen und das in Varianten, wie man sie sich für eine vielschichtigere Debattenkultur nur sehnlichst wünschen könnte: Nardograu, Ascotgrau, Uranograu, Delfingrau, Limestone-Grau oder Arktik-grau, die Liste ließe sich fortsetzen. Zwanzig Jahre lang hält der Trend zum Grau schon an. 2004 wurde fast die Hälfte der deutschen Neuwagen in einem der 100 Grautöne verkauft. Doch das Auto blieb nicht allein. Blue Jeans in Grau, urbaner Industrial-Look in Möbel-geschäften, ganze Küchen in Betonoptik. Es scheint eine Parallelentwicklung zu sein. Seit einigen Jahren geht die Liebe zum Auto in Grau zurück. So wie sich die Debat-tenkultur in Richtung der Ränder zu verlagern begann.

Das Problem der Vieldeutigkeit

Viele bunte Farben. Viele Deutungsmöglichkeiten.

„Das Problem der Freiheit ist ihre Vieldeutigkeit"[28], sagte der deutsche Philosoph Ernst Bloch. Für ihn scheint das aber nicht zu bedeuten, dem Problem aus-zuweichen, sondern sich ihm zu stellen. Und sei es in der Öffentlichkeit, eine Art, auf die Straße zu gehen für eine bessere Welt. Dort wartet zwar für Bloch eine (weit-gehende) Freiheit, aber ebenso Vieldeutigkeit, mitunter auch Gefahren, was den Kampf für das Gute erschwert.

Erst die Kombination aus Hoffnung und Handlung weite den Menschen, anstatt ihn weiter zu verengen. Für Bloch sind es auf der einen Seite die Pessimisten und auf der anderen die Optimisten, die beide eine Art Absolutheit für sich reklamieren. Alles Abweichende sei nicht Programm. In der Mitte, die wir in diesem Essay „Grauzone" nennen, ereigne sich die Freiheit, aber eben auch die Vieldeutigkeit des Daseins. Bloch selbst nennt diesen Bereich die „Skepsis" – statt des absoluten Pessimismus/Optimismus. Und dort finden sich auch das Abwägen sowie die Akzeptanz von Widersprüchen. Man gibt außerdem nicht vor (Populisten), dass Komplexes *einfach* beantwortet werden könnte. Björn Hayer von der Frankfurter Rundschau fasst dieses (mögliche) Geschehen sehr klug zusammen: *„Obschon man sich in unserer düsteren Gegenwart verständlicherweise nicht unmittelbar von einer Hoffnungsphilosophie euphorisieren lassen mag, so vermittelt sie uns doch eine wichtige Eigenschaft. Im Gegensatz zur reinen Schwarzmalerei animiert sie uns zu einer Beweglichkeit im Denken. Sie transzendiert die Wirklichkeit auf eine mögliche Andersartigkeit hin. Durch die Sehnsucht, aber genauso entscheidend durch den Zweifel. (…) Lähmt uns etwa die Angst, hält uns der Zweifel lebendig. Eben weil er sich mit keinem noch so finsteren Ausgang abfindet. Wie sich offenbar erst auf den zweiten Blick erschließt, hat er so manches gemein mit der Hoffnung. Beide Haltungen zielen auf die Unabschließbarkeit – ein ungemein wichtiges Moment, gerade in einer Zeit, in der vieles so alternativlos und völlig verfahren erscheint. Ein gesundes Grübeln, verbunden mit einer Einstellung, die auf* *ein heilvolles Morgen vertraut, verspricht zunächst Stärke und Resilienz. Denn die Kombination setzt voraus, das Grauen der Gegenwart anfangs auszuhalten, um es sodann in irgendeiner Weise zu überwinden.*["]29

Einfach ist das Leben zwischen Schwarz und Weiß noch nie gewesen. Es gilt zu beobachten. Raus aus der Passivität zu kommen. Ja, auch die Selbstbeobachtung zählt dazu, und zwar abseits von „eindeutigen" Weltuntergangsprophezeiungen bestimmter Gruppen, die sich nicht selten unter dem Deckmantel der „Interessenvertreter" oft nur Eigeninteressen verpflichtet sehen. Die meisten Ereignisse auf diesem Erdball sind nun mal nicht eindeutig, sondern vieldeutig und offen gehalten, es sei eben das *„Dunkel des gelebten Augenblicks das unmittelbare Jetzt, welches ge-lebt, aber nie er-lebt werde"*30.

Die Ambiguitätstoleranz

… oder das Aushalten von Unsicherheiten. *Ambiguitas* kommt aus dem Lateinischen und kann mit Doppelsinn und Mehrdeutigkeit übersetzt werden. Ambiguitätstolerante Menschen halten es aus, wenn eine Sache eben nicht so eindeutig ist, weil es Für *und* Wider gibt, weil Situationen so *und* so und eben nicht nur schwarz oder weiß gesehen werden können. Menschen, die das nicht nur aushalten, sondern dabei auch nicht ungehalten oder aggressiv werden, sind sehr ambiguitätstolerant. Menschen also, die es ertragen und das mit Diskussionslust, in der Grauzone zu sein.

Aufhalten und aushalten, nicht ungehalten

Solch ambiguitätstolerante Menschen sehen etwa ein kulturell bedingtes Verschiedensein weder rein negativ noch ausschließlich positiv. Sie spüren Zwischentöne und reden darüber, ohne in Rage zu geraten. Sie sind weder Rassisten noch das, was wenig Wohlmeinende als „Gutmenschen" bezeichnen. Ambiguitätstoleranz ist somit die Basis für die interkulturelle Kompetenz eines Menschen.

„Ich glaube, das betrifft unser ganzes Zusammenleben mit anderen Menschen. Das fängt an, dass wir als Kind mit Eltern aufwachsen, die wir lieben. Aber wir lieben unsere Eltern ja auch nicht immer. Es gibt Momente, in denen lieben wir sie weniger als in anderen Momenten. Und das zieht sich durch unser ganzes Leben hindurch. Das heißt, diese Erfahrung gegenüber unseren Mitmenschen zu haben, die ist alltäglich und der entkommen wir nicht. Das ist überhaupt das Wesen der Ambiguität, dass wir einfach nicht entkommen können"[31], formuliert es Oriel Feldman-Hall, US-Professorin für Neurowissenschaften.

Ambiguitätstoleranz ist erlernbar. Aber nicht überall ist das Erlernen des Aushaltens von Unsicherheiten so schwierig wie beim Thema Migration. Die einen sehen ausschließlich Ausländer, die uns Wohnungen und Arbeitsplätze wegnehmen und von denen die meisten ohnehin kriminell sind. Für die anderen sind Migrantinnen und Migranten eine Bereicherung für den Arbeitsmarkt und das Kulturleben, und weitgehend höflich und nett sind sie obendrein. Beide Zuschreibungen mit dem

Helikopterblick zu betrachten, selbst Erfahrungen zu sammeln und vielleicht im riesigen globalen Topf von Informationen Zusammenhänge selbst zu recherchieren und herzustellen – das wäre gelebte Ambiguitätstoleranz.

Weniger oder gar nicht Ambiguitätstolerante geraten schnell in Stress, wenn sie in unkontrollierbare, mehrfach zu interpretierende Situationen kommen. Kinder kennen keine Ambiguität – sie reift erst im Erwachsenenalter, *falls* sie es tut. Das reine Freund-Feind-Denken sollte nach der Pubertät kontinuierlich zurückgehen. Impulskontrolle und das Aushalten heftiger Gefühle sollten dem jungen Erwachsenen eigentlich ganz gut gelingen. Der Lernprozess sollte weitgehend abgeschlossen sein.

Eine ganze Gesellschaft, deren Funktionieren mit jeder größeren Veränderung (Migrationswellen, Pandemie, unerwartete Auseinandersetzungen bis zum Krieg in nahen Regionen) auf dem Prüfstand steht, kann ohne allgemeingültiges Wertesystem in kindliche Verhaltensweisen zurückfallen. Da genügt bereits die empfundene Bedrohung.

Es gebe *„eine moderne Disposition zur Vernichtung von Vielfalt"*[32], formuliert es der Islamwissenschaftler Thomas Bauer in seinem Buch „Die Vereindeutigung der Welt. Über den Verlust an Mehrdeutigkeit und Vielfalt". Der Kapitalismus simuliere Vielfalt nur. Die multioptionale Lifestyle-Gesellschaft zeige lediglich eine kulturelle „Scheinvielfalt".

2014 hat Thomas Neuwirth, besser bekannt als Conchita Wurst, den Eurovision Song Contest gewonnen. Die Aufregung war groß. Nicht nur wegen des Sieges.

Thomas Neuwirth ist ein in Oberösterreich geborener Mann, der zu seiner Homosexualität steht und, wie er es selbst einmal in einem Interview mit der Tageszeitung Kurier ein Jahr vor dem Eurovision Song Contest formuliert haben soll, *als Kunstfigur eine Frau mit Haaren im Gesicht schaffen wollte*[33], damit sich die Menschen Gedanken über sexuelle Orientierungen machen, für Aufregung habe er sorgen wollen. *„Ja, und zwar ganz gezielt. Vor allem der Bart ist ein Mittel für mich, zu polarisieren, auf mich aufmerksam zu machen. Die Welt reagiert auf eine Frau mit Haaren im Gesicht. Was ich mir wünsche, wäre, dass sich die Leute ausgehend von meiner ungewöhnlichen Erscheinung Gedanken machen – über sexuelle Orientierung, aber genauso über das Anderssein an sich. Manchmal muss man den Menschen einfach und plakativ klarmachen, worum es geht."*[34]

Diese Aussage tätigte er im Zuge eines Zeitungsinterviews mit der österreichischen Tageszeitung Kurier ein Jahr vor seinem Song-Contest-Gewinn in Kopenhagen. Sein Ziel hat er mehr als erreicht. Die Frage ist nur: Hat sich diese Debatte in der Grauzone abgespielt? Mit großem zeitlichen Abstand zum Contest schon, zumindest teilweise. Die große Aufregung über Conchitas Erscheinungsbild war nach einigen Wochen vorbei. Doch vor beziehungsweise kurz nach dem Auftritt von Thomas Neuwirth sah es anders aus. Entweder totale Ablehnung – bis hinein in die Politik und das weit über Österreich hinaus, von Russland, Belarus über Polen bis in die Türkei. Oder uneingeschränkte Zustimmung, vor allem von Menschen, die einen Riesenschritt in Richtung

Akzeptanz verschiedenster sexueller Orientierungen gesehen hatten. Wobei es nicht Österreich wäre, hätten sich die Kommentare *nach* dem Sieg Conchitas teils doch deutlich von denen *vor* dem Gewinn des Titels unterschieden. In Leserbriefen hatten Kritiker sinngemäß geschrieben, dass man so jemanden nicht als Österreich-Teilnehmer oder -Teilnehmerin zu einem europäischen Wettbewerb schicken könne. Daraus wurde dann, zumindest in den Tagen und Wochen nach dem Titelgewinn, sinngemäß, *dass man schon auch stolz auf Conchita sei.*

Ja, aber

Eine Haltung, die man auf den ersten Blick in den grauen Bereich der differenzierten Denkerinnen und Denker stellen könnte. Meist verbirgt sich hinter einem „Ja, aber" eine recht klare Haltung, zu deren Einstehen allerdings oft der letzte Mut fehlt. Wer kennt sie nicht, die Antworten und Phrasen wie „Ja, ich bin schon tolerant und habe ja nichts gegen Ausländer, aber ..."

Auch die Diversität betreffend landet man bei Pseudotoleranten rasch beim *Ja, aber.* Man habe ja nichts gegen verschiedene sexuelle Orientierungen, aber müssen diese immer wieder so laut und schrill der Öffentlichkeit gezeigt werden? Sätze, die man in größerem Ausmaß rund um die weltweiten Pride-Paraden vernimmt, bei denen Hunderttausende Menschen bewusst LGBTQIA+ sichtbar machen wollen. In Menschen mit geringer Ambiguitätstoleranz lösen Veranstaltungen wie jene nicht selten auch Angst aus, so besagen einige psychologischen Studien. *„Sie müssen sich innerlich schützen und fordern dann nur noch simple Botschaften, reine Gruppen, saubere Unterscheidungen, klare Verhältnisse und eindeutige Grenzen (…) Diesen Menschen macht Diversität Angst. Sie polemisieren gegen die Vielfältigkeit und wüten gegen die Homosexuellenehen oder das dritte Geschlecht, obwohl es ihnen nichts nimmt und sie persönlich gar nicht tangiert"[35]*, sagt die Pädagogin und Psychotherapeutin Astrid von Friesen.

Ist das Leben im Schwarz-Weiß-Denken wirklich einfacher? Der Göttinger Professor für Psychiatrie, Christopher Baethge, widerspricht. Klarerweise hätten diese Menschen den Vorteil, nicht lange über eine Sache nachdenken zu müssen, sondern könnten sich einfach die vorgegebene Haltung einer politischen Bewegung aneignen. Aber so ein Mensch habe *„nicht die Spannung, die es bedeutet, Ambivalenzen aushalten zu müssen. Er hat im Grunde eine Entlastung, eine psychische Entlastung als Gewinn. Und es entgeht ihm natürlich die Möglichkeit, die Wirklichkeit in ihren verschiedenen Schattierungen wahrzunehmen und auch darauf zu reagieren. Und das ist natürlich auch eine Behinderung."[36]*

Was wir in den vergangenen Jahren erlebt haben, vor allem während der Coronapandemie, hat das Zeug, sich zu einer noch gefährlicheren Strömung auszuweiten. Zu einer Ablehnung der Demokratie. Wenn ich alle Autoritäten ablehne, werde ich niemandem mehr irgendetwas glauben. Weil ich allen misstraue. Der gesamten Politik, der Wissenschaft, den Medien ohnehin. Dann sehe ich –

und auch das ist eine wachsende Zahl an Menschen – nur noch eine Möglichkeit: den absoluten Bezug auf mich selbst.

An dieser Einstellung arbeiten Populisten mitunter recht eifrig mit. Immer wieder werden Sätze geschrieben oder gesagt, wie: *Glaubt den alten Parteien nichts mehr, den System-Erhaltern, den Wissenschaftlern, der „Lügenpresse".* Doch das birgt auch eine Gefahr für die populistischen Parteien selbst. Denn irgendwann werden von Menschen mit besonders düsterer Lebenseinstellung auch sie, die sich die letzten und einzigen Vertreter des Volkes nennen, abgelehnt. Wer am Ende niemandem mehr glaubt, außer sich selbst und vielleicht einigen Gleichgesinnten im Freundes- und Bekanntenkreis, dem ist auch ein Wahltag egal. Was das für ein demokratisches System bedeutet, liegt auf der Hand.

Ende November 2022 schockierte die Veröffentlichung des aktuellen Demokratiemonitors Österreich. Erstmals sagte *keine* klare Mehrheit mehr, dass sie einen starken Führer in Österreichs Politik ablehne. Nur noch 46 Prozent der Befragten meinten: *„Ja, es sollte keinen starken Führer geben, der sich nicht um Parlament und Wahlen kümmern muss."* Unglaubliche 54 Prozent der Befragten konnten sich nicht mehr zu einer klaren Zustimmung zu einem *„Nein zu einem starken Führer"* durchringen. 26 Prozent stimmten dem Wunsch nach einem starken Führer sogar sehr oder ziemlich zu, 21 Prozent stimmten immerhin noch „wenig" zu, 7 Prozent machten keine Angaben. Die Erleichterung kam ein Jahr später: Die Werte sanken wieder auf jene Zahlen vor Corona.

Die Zahlen in Deutschland können nicht direkt mit jenen in Österreich verglichen werden. Zu stark differieren die Umfrageergebnisse (noch) zwischen dem Osten und dem Westen Deutschlands. Gesamtdeutschland liegt unter den Werten aus Österreich, den Wunsch nach einem starken Führer betreffend, aber im Juni 2023 stimmten in Ostdeutschland unglaubliche 33 Prozent der Befragten der Aussage zu: *„Wir sollten einen Führer haben, der Deutschland zum Wohle aller mit starker Hand regiert."*[37] Und fast ein Viertel der Befragten sagte, dass der Nationalsozialismus auch seine guten Seiten gehabt hätte. Da muss man wenig interpretieren, diese Zahlen sind nicht vieldeutig. Sie sind eindeutig und sprechen eine klare Sprache.

2

MENSCHSEIN IN DER GRAUZONE – IST EIN GUTES LEBEN MITTEN IN UNSICHERHEIT UND VIELDEUTIGKEIT JE ERLERNBAR?

Das Aushalten von „Anderem", von „Mehrdeutigem", von Unsicherheiten, und die Akzeptanz von meist mühsam errungenen Kompromissen in Politik, Gesellschaft und Wirtschaft sind, wie wir gesehen haben, essenziell für den Weiterbestand von Demokratien. Deshalb ist es unumgänglich, dass zumindest eine Mehrheit der Menschen mit Unberechenbarkeiten umgehen kann. Was aber, wenn die „graue" Mitte der stabileren, auch wissbegierigeren Charaktere, denen einiges an Unsicherheiten zuzumuten ist, weiter schrumpft? Wenn Grundtoleranz und demokratische Errungenschaften weiter verschwinden?

Dann bleibt einer Gesellschaft nur noch, die Ambiguitätstoleranz zu erlernen. Das ist möglich, diese muss allerdings immer wieder „trainiert" werden. Die Pädagogin und Psychotherapeutin Astrid von Friesen beschreibt Beispiele, die zeigen, dass *„Vorurteile auch dahinschmelzen"[38]* könnten: *„Toleranz generell wird früh im Kind angelegt, aber auch ein Erwachsener kann zu-*

mindest sein Repertoire an zugewandtem Interesse erwei-
tern, und zwar in Situationen, in denen seine Emotionen
sowie sein Gehirn gleichermaßen involviert sind, wenn
zum Beispiel der Sohn eine wunderbare ausländische Frau
heiratet. Oder wenn man in Gesprächsforen unmittelbar
vom Leid und von der Biografie einer abgelehnten Grup-
pe menschlich nah und authentisch erfährt. Dann können
Vorurteile dahinschmelzen, dann können Blickwinkel sich
verändern!"[39]

Spontan fällt einem da ein: „Schön wär's". Als ob das
Lernen so einfach ginge.

Herzensbildung

Die Fähigkeit, Unsicherheiten und Mehrdeutigkeiten
auszuhalten, sollte so früh wie nur irgendwie möglich in
einem Menschenleben erlernt und dann immer wieder
trainiert werden. Am besten als Kind von den Eltern, zumindest aber in der Schule. Nahezu unlösbar wird das
Problem, wenn die Politik lediglich alte Antworten auf
neue Fragen findet. Dann wird sich die „graue" Mitte
immer mehr in Richtung ihrer Ränder verkleinern. In
der Grauzone der Gesellschaft, in der schon jahrzehntelang allgemein akzeptierte Systeme und Fundamente
für jeden einzelnen Menschen fehlen, muss irgendwann
auch die Politik neu zu denken beginnen, vor allem die
Bildungsministerinnen und -minister sowie die sogenannten Bildungsexperten und -expertinnen.

„Non vitae sed scholae discimus" –
„Nicht fürs Leben, für die Schule lernen wir"

So ätzt Lucius Annaeus Seneca vor etwa 2000 Jahren in
einem Brief an seinen „Schüler" Lucillius. Und meint damit die römischen Philosophenschulen.

*„Es wäre besser, wir könnten unserer gelehrten Schul-
bildung einen gesunden Menschenverstand abgewinnen.
Aber wir verschwenden ja, wie alle unsere übrigen Güter an
überflüssigen Luxus, so unser höchstes Gut, die Philosophie,
an überflüssige Fragen. Wie an der unmäßigen Sucht nach
allem anderen, so leiden wir an einer unmäßigen Sucht
auch nach Gelehrsamkeit: Nicht für das Leben, sondern für
die Schule lernen wir."[40]*

Gewusst hätte man es also schon einige Zeit. Dass wir
in der Schule vieles lernen. Und recht wenig fürs Leben.
Dabei ist die Bildungspolitik zweifellos lernfähig. Dass
etwa Finanzbildung für junge Menschen wichtig ist, und
zwar auch, wenn sie noch zur Schule gehen, hat sich offenbar als erkannter Änderungsbedarf durchgesetzt, auch
wenn es viel zu lange gedauert hat, mussten doch vor allem
Schuldenberatungsstellen feststellen, dass in Zeiten des
Onlinehandels das „Jetzt-kaufen"-Feld schneller gedrückt
ist, als der Kontostand junger Menschen mitwächst. Und
da sich das Wissen über Finanzen auch im Erwachsenenalter in den vergangenen Jahrzehnten eher knapp über
Null gehalten hat, haben Konsumentenschützer und
-schützerinnen den Bildungsalarm ausgerufen

Noch schleppender ändern sich Lehrpläne, wenn es um
Fähigkeiten geht, die man seit einiger Zeit als „soft skills"

bezeichnet. Ethikunterricht allein wird da nicht genügen. Eine „Herzensbildung" sollte in alle Unterrichtsgegenstände einfließen. Angesichts des immer schwieriger werdenden politischen Brennpunkts der Integration von Migrantinnen und Migranten in das Schulsystem umso mehr.

Wie man miteinander umgeht, wird im neuen Europa zum zentralen Thema künftiger Generationen werden beziehungsweise ist es eigentlich schon längst. Spätestens seit der ersten großen Flüchtlingswelle im Jahr 2015 stoßen immer mehr Kulturen aufeinander, ohne dass beide Seiten erlernt hätten, welche geistigen, empathischen und sozialen Fähigkeiten für ein plötzliches Miteinander notwendig wären.

Und dafür kann nicht allein die Schule zuständig sein. Zum einen ist jede Familie gefordert, urmenschliche Fähigkeiten und Werte zu vermitteln, zum anderen ist niemand aufzuhalten, der sich das Grundsätzliche selbst aneignen möchte.

Was Hänschen nicht lernt, lernt Hans nimmermehr

Dieses alte deutsche Sprichwort ist leider zutreffend. Im Selbststudium kann „Hans" vielleicht noch nachlernen, wird hingegen Lehrstoff „von oben" verkündet, verweigern erwachsene Hänse, egal, aus welcher Kultur sie kommen.

Ungewöhnlich hart und mitten in die angeblich gute Absicht hinein müssen das ab und an jene Volksvertreterinnen erfahren, die dem Land eine Art Leitkultur verpassen oder ihm diese auch nur als Gedankenanstoß näherbringen wollen.

Als am Gründonnerstag 2024 die österreichische Integrationsministerin Susanne Raab ihren Plan für eine *Leitkultur für Österreich* vorlegte, war es mit dem angesagten Osterfrieden vorbei. Sie habe ein kollektives Gespräch darüber initiieren wollen, was eine Art kultureller, ethnischer, religiöser Kitt sein könnte, der eine weltanschaulich plurale Gesellschaft zusammenhalten könnte, so etwas wie allgemein akzeptierte Spielregeln. Noch am selben Abend musste die Ministerin herbe Kritik einstecken, auch aus der eigenen Partei.

Der muslimische syrisch-deutsche Politologe Bassam Tibi hatte schon 1998 „Die Krise der multikulturellen Gesellschaft" gesehen und eine europäische, auf westlich-liberalen Wertevorstellungen begründete Leitkultur vorgeschlagen: *„Die Werte für die erwünschte Leitkultur müssen der kulturellen Moderne entspringen, und sie heißen: Demokratie, Laizismus, Aufklärung, Menschenrechte und Zivilgesellschaft."*[41] Für Tibi ist eine Leitkultur im Sinne eines Wertekonsenses als Klammer zwischen Deutschen und Migranten notwendig. *„Eigentlich bedeutet Leitkultur nichts anderes als eine Hausordnung für Menschen aus verschiedenen Kulturen in einem werteorientierten Gemeinwesen."*[42]

Natürlich ist es auch möglich, gar nichts zu tun und die Debatte den Schwarz-Weiß-Denkern, den Entweder-oder-Anhängern zu überlassen. Die (noch) graue Mitte graue Mitte sein zu lassen. Aber, fragt sich Oliver Pink, ein Redakteur der bürgerlich-liberalen Zeitung Die Presse in Österreich: *„Wie lange hält so eine Gesellschaft eigentlich – bevor es sie zerreißt? (…) Man kann alles so laufen lassen und hoffen, dass es sich zum Besten fügt – aufgrund des Wohlstandsversprechens von Kapitalismus und Sozialstaat. Sofern die Wettbewerbsfähigkeit des einen und die Finanzierung des anderen erhalten bleiben. Oder man bemüht sich doch noch, einen gewissen Common Sense zu schaffen."*[43]

Ob die heutigen Gesellschaften ein „Wir-Gefühl" als Kitt brauchen oder nicht, ist umstritten. Im besten Fall sehen wir ein Menschsein unterschiedlich Lebender, Denkender und Handelnder friedlich unter einem Dach, im schlechtesten Fall splittern sie sich auf in verfeindete Gruppen und gehen aufeinander los.

All das eben gedanklich Angerissene geht weit über Migrations- und Integrationsprobleme hinaus, letztlich betrifft es uns alle, egal, woher wir kommen oder wo wir schon immer waren: das Zusammenleben in einer polarisierten Welt.

Von Glück, Sinn und Weisheit

Universitätsprofessor und Wirtschaftswissenschaftler Bruno Frey gilt als Pionier der Glücksforschung. Die Methode erscheint banal. In sogenannten Glücksumfragen hatte er weltweit Hunderttausende Menschen befragen lassen, was es denn genau sei, dass sie zufriedener gemacht habe. Die Ergebnisse sind heute weitgehend bekannt, auch die Zahl der wissenschaftlich fundierten Artikel zu diesem Thema ist immens angewachsen, und so wissen wir, dass steigendes Einkommen sehr wohl glücklicher macht, allerdings mit schrumpfenden Zuwachsraten, ab einer gewissen Höhe steigt die Zufriedenheit nicht mehr an. Dann ist es die soziale Vernetzung, die wirklich zählt. Familie, Freunde, gute Bekannte gelten neben der physischen und psychischen Gesundheit als die wichtigsten Glücksfaktoren.

Wenig überraschend kann laut Professor Frey und mittlerweile vielen anderen „Glücksökonomen" auch Politik glücklich oder unglücklich machen. Leben in einer Demokratie führt ebenfalls zu einem glücklicheren Leben als eines in Diktaturen. Und gute dezentrale Politik macht Menschen zufriedener, weshalb wohl eine stärkere Bindung zu Bürgermeisterinnen und Bürgermeistern, zu Landeshauptleuten und Ministerpräsidentinnen als zu Bundespolitikerinnen und -politikern besteht.

Interessant sind die Ergebnisse aus der Arbeitswelt. Gibt man einem Arbeitslosen exakt so viel Geld wie etwa seinem Wohnnachbarn, so sind dennoch die arbeitenden Nachbarn um vieles zufriedener. Ergebnisse, die die Glücksforscher selbst überrascht haben. Wer keine Aufgabe hat, den macht auch Geld nicht glücklich, zumindest weitaus weniger als einen mitten im Arbeitsprozess stehenden Menschen. So die Arbeit nicht als völlig unbefriedigend empfunden wird.

Selbstständige sind laut Bruno Frey übrigens glücklicher als Angestellte in größeren, stark hierarchisch strukturierten Unternehmen. Komplizierter wird die

Sache, wenn wir uns nicht nur dem Glück, sondern auch dem *Sinn* annähern.

Der norwegische Ökonom und Sozialpsychologe Thomas Hansen hat nach mehreren Langzeitstudien im Jahr 2012 das Resümee gezogen: Menschen, die keine Kinder haben, geht es im Alltag besser, sie sind glücklicher. Aber fragt man Eltern, wie sinnvoll sie ihr Leben empfinden, dann ergeben Studien ein umgekehrtes Bild. Paare ohne Kinder empfinden zwar ihr Leben als glücklicher, Paare mit Kindern sehen aber mehr Sinn in ihrem Leben.

Oder Menschen, die einen kranken Elternteil pflegen. Der Energieaufwand ist meist enorm, die oder der Pflegende oft am Rande der völligen Erschöpfung. Und dennoch wird das Leben als sehr sinnvoll empfunden. Diese Frauen und Männer haben das Gefühl, das Richtige zu tun. Sie würden vermutlich sagen, dass sie momentan *nicht wirklich* glücklich seien, eben weil der Energietank leer sei, aber die Frage, ob sie sinnerfüllt leben, würden sie mit Ja beantworten. *„Es liegt eben in der Natur des Menschen, sich um andere zu kümmern"*[44], sagt der Glücksforscher Roy Baumeister.

Einem *Etwas* zu dienen, das höher ist als das Selbst, darum geht es. Menschen, die eher für den gegenwärtigen Moment leben, mögen glücklicher sein, aber mehr Sinn erleben jene, die sich mehr Gedanken über die Zukunft machen und sich genauso mit Erfahrungen in der Vergangenheit beschäftigen. Schwierige oder und mit Leid verbundene Erlebnisse machen zunächst unglücklich, können jedoch Gefühle für den Sinn steigern.

Und auch wenn der Kapitalismus und all seine schrillen Konsumangebote das Gegenteil vermitteln (wollen), mit neuen Dingen können nur kurzfristig Glück und Lust erkauft werden. Aber, sagt der Wiener Psychiater und Sinnforscher Viktor Frankl, sobald es dem „neurotischen Menschen" nur *„um die Lust geht, umso mehr vergeht sie einem auch schon wieder".*[45]

Viktor Frankl hält die Frage nach dem Sinn eines Lebens schon allein deshalb nicht für sinnlos, weil sie lebensnotwendig werden könne. Er nennt drei Hauptstraßen[46], wo und wie Sinn aufzuspüren sei.

Erstens kann mein Leben dadurch sinnvoll werden, dass ich eine Tat setze, dass ich ein Werk schaffe, auch dadurch, dass ich etwas erlebe. Sinn erfüllen kann also im Dienst an einer Sache liegen. Oder ich kann

zweitens *jemanden* erleben. Diesen jemand in seiner ganzen Einmaligkeit und Einzigartigkeit erleben, heißt, ihn zu lieben. Sinn-Erfüllung kann also auch in der Liebe zu einer Person bestehen, was gleichzeitig auch Selbstverwirklichung bedeutet. Und es ist wohl mehr als nachvollziehbar, welche dritte Möglichkeit Frankl ebenfalls sieht. Denn

drittens zeige sich, dass dort, wo wir mit einem Schicksal konfrontiert sind, das sich nicht ändern lässt, dass dort, wo wir als hilflose Opfer mitten in eine hoffnungslose Situation hineingestellt sind, dass sich gerade dort das Leben noch immer sinnvoll gestalten lasse. Dort (vermutlich gemeint: im KZ) konnten wir sogar das Menschlichste im Menschen verwirklichen, seine Fähigkeit, auch eine Tragödie – auf menschlicher Ebene – in einen Triumph zu verwandeln. Denn das sei das Geheimnis der bedingungslosen Sinnträchtigkeit des Lebens: dass der Mensch gerade in Grenzsituationen seines Daseins aufgerufen sei, gleichsam Zeugnis davon abzulegen, wessen er und nur er allein fähig sei.[47]

Wer sich nicht auf vorgegebene Weltanschauungen verlassen möchte, weil er dann erst recht verlassen ist, muss sich die Welt wohl selbst anschauen und in mühsamer Kleinarbeit herausfinden, wer er eigentlich ist. Aber interessanterweise kümmert sich der moderne Mensch zwar mit Hingabe, Geld, Schweiß und nicht immer vorhandener Freude und Lust am Tun um seinen Körper, viel weniger intensiv aber um seinen Geist und schon gar nicht um seine Seele.

Wie passt all das in ein Buch über Grauzonen und Schwarz-Weiß-Denken? Nun, man könnte auch sagen, mit diesem eben angesprochenen Punkt schließt sich der Kreis. Das Leben in der Grauzone bedeutet Arbeit.

Um sich in der Gesellschaftsmitte zwischen Vieldeutigkeit und Unsicherheiten ohne gröbere Schäden und Enttäuschungen nicht nur irgendwie aufhalten zu können, sondern dieses Leben der Differenziertheiten, des „Sowohl-als-auch", genießen zu können, wäre nach der Sinnfindung eine Sache von großem Wert: die Weisheit.

Und um es gleich vorwegzunehmen. Ja, auch sie ist grundsätzlich erlernbar. Aber man könnte viel, viel mehr über sie wissen, würde in den Schulen mehr darüber erzählt werden und würde sich jede und jeder Einzelne ein Leben lang damit beschäftigen.

Sie haben richtig gelesen: Ein Leben lang.

Das Schwierige bei der Weisheitserlernung ist, dass nichts hält, was nur einmal gelesen und dann weggelegt wird. Um das Gelesene auch zu behalten, bedarf es mehrerer notwendiger Schritte.

- **Sinneseindruck** (also lesen)
- **Erfahrung & Training** (also immer wieder lesen, das Gelesene dadurch immer mehr verstehen, in das Selbst einarbeiten und erste Versuche starten, das Gelesene auch zu leben)
- **Gewohnheit werden lassen** (durch permanente Wiederholung der Erkenntnis und der Erfahrung in den Alltag)

Nur so *kann* die kleine Weisheit des einzelnen Bürgers als Keimzelle weiserer Gesellschaften gedeihen. Als Gegenentwurf zu Schwarz-Weiß-Denken, Abstumpfung, reiner digitaler Bespielung, Hass und Gegenhass im Netz und gefährlicher politischer Verengung und Radikalisierung.

Das funktioniert in beide Richtungen:

„Alle Ausländerfreunde sind gesellschaftszerstörende Gutmenschen."

„Alle Migrationskritiker sind Rassisten und Neonazis."

Es muss nicht sein, die Welt nur so wahrzunehmen.

Der entscheidende Punkt im Leben eines Menschen ist jener, an dem er erkennt, ob in ihm mehr steckt, als er in das bisher geführte Leben an geistiger und psychischer Arbeit investiert hat, oder ob er mit der bisherigen Art und Weise, sein Leben zu verbringen, von sich sagen kann: Ja, ich lebe ohnehin ein gutes Leben.

In dem Augenblick, in dem sie oder er jedoch spürt, das kann noch nicht alles gewesen sein, in mir schlummern noch ganz andere nicht ausgelebte Fähigkeiten, da wird es Zeit zu handeln. Bedauerlicherweise erkennen viele Menschen zwar diesen Zeitpunkt, können sich aber aus Bequemlichkeit oder großer Angst vor Veränderung und manchmal auch wegen psychischer Erkrankungen nicht dazu aufraffen, das eigene Leben zu ändern. Was sie dabei jedoch nie mitbedenken: Nach der erfolgten Erkenntnis bleibt erst recht und ohnehin nichts mehr so, wie es war.

Warum? Weil das Wissen um die neue beziehungsweise schlummernde, Möglichkeit zur Neuerfindung nicht mehr so einfach verschwindet. Und weil sich diese Erkenntnis nicht selten als oft anklagende innere Stimme manifestiert und sich immer wieder meldet. Häufig beginnen Menschen in dieser Phase zu trinken oder widmen sich einer anderen Sucht, ohne sie vorher als Sucht zu erkennen. Alkohol, Spielsucht, Marathon und/oder Triathlon, Arbeitssucht, Sexsucht – was auch immer. Nur, um die Stimme nicht zu hören. Handle und ändere dein Leben – und zwar jetzt. Oder – auf unser Thema bezogen – erlerne das weise Leben. Jetzt.

Bücher gibt's genug, nicht alle sind wertvoll, manche aber sehr wohl. Und seit einiger Zeit wird auch tatsächliche Hilfe der „Weisen" angeboten. Also nicht „nur" von Ärztinnen und Therapeuten, sondern von Vertretern der praktischen Philosophie, ausgeübt von Philosophinnen und Philosophen, die ihre Dienste in Praxen offerieren. Diese philosophische Psychotherapie widmet sich der

Untersuchung von existenziellen Seinsfragen, aber stets mit direktem Bezug auf den ratsuchenden Patienten. Dabei geht es aber nicht nur um Sinnfragen, auch der praktische Philosoph hat die psychische Gesundwerdung der Patienten zum Ziel.

Irvin David Yalom, emeritierter Universitätsprofessor für Psychiatrie an der Universität Stanford, praktiziert beispielsweise die existenzialistische Psychotherapie. Aus seiner Sicht genügt schon die Beschäftigung mit philosophisch-existenziellen Fragen, und ein Heilungsprozess auf psychischer Ebene könne so in Gang geraten. Psychische Störungen basieren auf philosophischen Grundkonflikten, einer existenziellen Angst. Ziel der praktischen Philosophinnen und Philosophen ist es, Denkhürden zu lösen.

Und da langsam zu begreifen wäre, dass in einer Zeit des 24 Stunden zur Verfügung stehenden Wissenstopfes die Bildung mehr ist als nur die Aufnahme von Wissen, könnte man sich in Zeiten des neuen Egoismus, einer neuen Respektlosigkeit und neuen Ignoranz anderen Menschen gegenüber auch die Frage stellen: Was ist eigentlich mit

HerzensBILDUNG?

Wo wäre sie zu erlernen, wenn die Familie als Motor für das Begreifen und Einüben von sozialem Handeln und Denken sowie von Empathie und eben Herzenswärme immer öfter ausfällt? Von Weisheitslehrerinnen und -lehrern? Vielleicht. Aber das wird dauern. Es wird wohl weiterhin gelten – wir die Autodidakten der Herzensbildung. Ganz ohne Seelenhilfe wird's wohl nicht gehen.

Was ist überhaupt Herzensbildung? Die Antwort moderner Pädagoginnen und Pädagogen: Es gibt sie nicht. Man möge doch selbst diesem Begriff auf den Grund gehen, ihm nachspüren und zu einem ganz individuellen Ergebnis kommen. Warum eigentlich nicht?

Einige Zutaten zur Herzensbildung finden sich jedoch in fast allen Publikationen aus der Psychologie.

Weit oben in der Rangordnung seelischer Bedürfnisse rund um die Herzenswärme und -bildung findet sich der Wunsch nach **Geborgenheit**. Nach einer Stütze im Leben, im besten Fall das gesamte Leben lang.

Besonders viel Augenmerk wird in letzter Zeit der **Selbstachtung** gewidmet. Oder der **Selbstfreundschaft**, die allerdings klar von der Selbstliebe mit narzisstischen Auswüchsen unterschieden wird.

Ob **Mitgefühl** erlernbar ist, sei dahingestellt, zur Herzensbildung *würde es gehören so wie die* **Konfliktfähigkeit**.

So richtig im Trend liegt seit einiger Zeit die **Wertschätzung**. Als Achtung vor dem anderen und vor der Schöpfung wird sie oft beschrieben. Man könnte auch sozial und umweltfreundlich sagen, wenn dem – zugegebenermaßen – der Wohlklang der Worte fehlt.

Parallel dazu muss bereits in der Erziehung (auch zur Herzensbildung) die Kraft der **Eigenständigkeit** vermittelt werden. Nicht selten eine Gratwanderung zwischen ich und wir.

Der unendlich große Wert von **Wahrhaftigkeit** und **Ehrlichkeit** versteht sich von selbst.

In manchen Aufzählungen finden sich dann noch **Weltinteresse, Humor** und **Sinn für Schönheit**.

Herzensbildung ist keine einfache Sache. Gebrauchsanleitungen fehlen – und das ist auch gut so. Aber Anstöße können Bücher und vor allem Seelenfreunde und Lebensmenschen geben. So man diese findet.

Vielleicht eine Literaturempfehlung: „Herzensbildung: Von der Kraft der Werte im Alltag mit Kindern." Die Autorin vieler pädagogischer Bücher, Christiane Kutik, ist eigentlich akademische Künstlerin und Innenarchitektin, wechselte dann das Fach, bildete sich weiter und landete nach der Kunst in der Erziehungskunst.

Natürlich finden wir hier keine überraschenden Erkenntnisse, aber haben wir Selbstverständlichkeiten wie diese je auf unserem Bildungsweg erfahren?

Stellt sich die Frage: Brauchen wir *überhaupt* noch von außen gelehrte Bildung, also die gute alte Schule? Es ist doch ohnehin alles nur einen Augenblick nach dem gedachten Informationswunsch in schier grenzenloser Verfügbarkeit auf den digitalen Empfangsgeräten vorhanden.

Alles ist vorhanden. Informationen über alles und zu jedem. In einer Fülle, die Überblick und Übersichtlichkeit nahezu verunmöglicht. Allerdings – und das macht die digitale Welt so gefährlich – sind auch die Möglichkeiten, sich zu äußern, in einem Ausmaß gegeben, dass alle Grenzen verschwommen sind.

Und so ist die Frage zu stellen: Sind die offenen, letztlich völlig unkontrollierten Foren für Empörung, Wut, Hass und Selbstbestätigungslawinen (mittels Algorithmen) die eigentlichen *Auslöser* der von Unversöhnlichkeit geprägten Lagerbildung? Lager- statt Herzensbildung? Hat uns die eigene Trägheit im zugegebenermaßen komplexen Graubereich in die Randbereiche der einfachen Antworten gespült? Oder haben wir uns nur verheddert im Dickicht des Informations- und Kommunikationschaos inmitten der Grauzone?

Vielleicht.

3

SCHWARZ-WEISS-DENKEN – VON INFORMATIONSANGST UND VERWEIGERUNG

Dass die Flucht aus der Grauzone, ob aus Denkträgheit oder im Anpassungstrott befindlich, durch die sozialen Medien verstärkt wird, ist schon mehrmals erwähnt worden. Aber die Spaltung der Gesellschaft sei doch nichts Ungewöhnliches, geben die Anführer der Gelassenheitsprediger und Kritiker des wachsenden Pessimismus Entwarnung, auch Rot und Schwarz stünden sich mehr als ein Jahrhundert unversöhnlich gegenüber, links gegen rechts, Arbeitgeber gegen Arbeitnehmer, Jung gegen Alt, oben gegen unten. Eine Art Aufteilung der Gesellschaft in zwei Gruppen sei wenig überraschend und mit Sicherheit nichts Neues.

Mag sein. Der Unterschied allerdings: In der Mitte wächst heute eine weitere Gruppe in noch größerem Tempo als an den Rändern.

Informationsangst und Verweigerung

Keine Nachrichtensendungen mehr, keine Zeitungen, am besten mit rein *gar nichts* mehr beschäftigen, was über den eigenen Lebensbereich hinausgeht.

Die Ignoranten. Die „Was-geht-das-mich-an?"-Gruppe der Ab-, Weg- oder Umschalter. Politikerinnen und Politiker machen doch ohnehin, was sie wollen, und die da oben richten es sich, egal, was wir wollen. Frustriert und abgestoßen sind nicht nur „die da unten" gegenüber denen „da oben", sondern auch höher Gebildete, auch die Mittelschicht – Ignoranz kennt kein Einkommen, keine soziale Stellung.

Und immer öfter sind es die Nachrichtenverweigerer, die einer anderen Quelle vertrauen. Jener der Propheten.

Tomáš Sedláček, der anerkannte Ökonom und Berater des früheren tschechischen Präsidenten Václav Havel, bringt es in seinem hervorragenden Buch „Die Ökonomie von Gut und Böse" auf den Punkt. Wobei Sedláček das Beispiel aus dem Buch „Der Schwarze Schwan" von Nassim Nicholas Taleb übernimmt. Was wäre passiert, wenn ein internationaler Terrorexperte 9/11 vorausgesagt hätte und man sich darauf hätte vorbereiten können?

„Gar nichts. (…) Dieser (wahre) Prophet wäre bestenfalls in Vergessenheit geraten. Schlimmstenfalls wäre er als Kriegstreiber in die Geschichte eingegangen, als Pessimist und überflüssigster Warner aller Zeiten. Ihm hätten wir es ja schließlich zu verdanken gehabt, dass wir an den Flughäfen jahrelang unsere Schuhe ausziehen und erniedrigende Sicherheitsprozeduren über uns ergehen lassen mussten. Wir

könnten hier vom Prinzip der ‚Prophezeiungen, die sich selbst ausschließen‘ sprechen. (…) Es handelt sich um das genaue Gegenteil des aus den Sozialwissenschaften bekannten Prinzips der Prophezeiungen, die sich selbst erfüllen, der ‚self-fulfilling prophecies‘. Manchmal bewirken Warnungen gerade die Dinge, vor denen sie warnen, manchmal führen sie dazu, dass diese Dinge ausbleiben. Wenn jemand, der vertrauenswürdig ist, in normalen Zeiten beginnt, ‚Krise! Krise!‘ zu rufen, kann das einen psychologischen Lawineneffekt auslösen, durch den es schon zu dieser Krise kommen kann. Die Krise kann aber auch verhindert werden, weil er auf sie hinwies und die Leute ihr Verhalten änderten. Das Problem ist, dass wir kaum im Voraus sagen können, mit welchem Fall wir es zu tun haben.“[48]

Was ist aus dieser Analyse abzuleiten?

Glaubt einfach gar niemandem! Nicht den Warnern von rechts oder jenen von links. Und schon gar nicht jenen, die meinen, die Zukunft zu kennen. Oder um es mit den Worten des deutschen Humoristen Karl Valentin zu sagen: *Prognosen sind schwierig, besonders wenn sie die Zukunft betreffen.*

Wen wundert es da noch, dass die Gruppe der Informationsverweigerer wächst. Vor lauter Bäumen den Wald nicht mehr sehen, kann durchaus auf den analogen Blätterwald, auf das Digitaldickicht ohnehin, umgelegt werden. Angeblich enthält heute eine Wochentagausgabe der *New York Times* mehr Informationen, als ein Durchschnittsbürger im 17. Jahrhundert in England zeit seines Lebens überhaupt sammeln hätte *können*. Heute könnten wir 24 Stunden täglich Nachrichten konsumieren und hätten einen Promille-Anteil der in diesem Zeitraum global im Netz angebotenen Text-, Bild- und Video-Flut erfasst.

So kommt es zunehmend zur Nachrichtensperre, die man über sich selbst verhängt. Gleichzeitig boomen Reisen an Orte dieser Welt, die den *Erholungseffekt ohne Erreichbarkeit und Empfangsnetze* bewerben.

Laut einer im September 2022 veröffentlichten Studie der Jean-Jaurès-Stiftung in Frankreich geben 53 Prozent der befragten Personen an, unter Informationsmüdigkeit oder Informationsangst zu leiden. Die Jean-Jaurès-Stiftung ist eine der Sozialistischen Partei nahestehende französische politische Stiftung, die zur Entwicklung von Pluralismus und Demokratie in der Welt beitragen soll.

Die deprimierende Nachrichtlage, die sich in Endlosschleife auf den Nachrichtensendern wiederholt, könne bei der Zuseherin, beim Zuschauer Symptome wie Müdigkeit, Angst, Depression, auch Wut, ein Ohnmachtsgefühl oder letztlich gar Gleichgültigkeit angesichts wiederholter Tragödien und in Folge die Suche nach Vermeidungs- oder Kompensationsstrategien auslösen.[49]

Insbesondere belastende Nachrichten, also Weltleid aller Art, nisten sich in unser ganz persönliches Leben ein – ohne dass wir das so gewollt hätten. Immer wieder wird deshalb auch in Bild- und Videomedien darüber diskutiert, wie viel Belastendes den Rezipienten zuzumuten sei.

Trotzdem reicht es einigen. Sie steigen komplett aus. Totale Informationsverweigerung.

Immer mehr Informationsanbieter haben deshalb den „Wir-müssen-die-Schnellsten-sein"-Zug verlassen und versucht, auf eine völlig andere Schiene umzusteigen: Hintergründe liefern, Komplexitäten entwirren, aufrollen und verständlich erklären. Mit schwierigen Themen nicht sofort live gehen, sondern eben eine Spur später, dafür gut recherchiert.

Als im November 2020 bei einem Terroranschlag in Wien vier Menschen starben, zeigte ein privater TV-Sender im ständigen Bemühen, die „Hauptsache-als-Erster"-Doktrin immer und immer wieder einzuhalten, eine schreckliche Szene, die sich in die Köpfe – vor allem von Kindern und Jugendlichen – eingebrannt hat, wie auch ich aus eigener Erfahrung feststellen musste. Der Attentäter schießt auf sein Opfer, ist sich aber offenbar nicht sicher, ob es tödliche Schüsse gewesen sind. Er war schon aus dem TV-Bild verschwunden, als man ihn plötzlich wieder zurückkehren und nochmals auf den am Boden liegenden, bereits getroffenen Mann schießen sieht. Das Opfer sackt daraufhin, nun tödlich getroffen, in sich zusammen und bleibt leblos liegen.

Eine Szene, die dann den gesamten Abend immer und immer wieder gezeigt wurde. Da überdies das Insert „Live" eingeblendet blieb, glaubte man zunächst, dass es sich immer wieder um neue Hinrichtungen handelte, man war verwirrt, die Welt der an diesem Abend völlig unsozialen Medien drehte zur Gänze durch und twitterte sich mit angeblich immer neuen zusätzlichen Attentätern in die rapide wachsenden Ängste in der Zweimillionenstadt Wien. Menschen sperrten sich in Lokalen, in ihren

Wohnungen ein, Angst und Realität verschwammen zu einem Fatalismus, viele, die im Netz unterwegs waren, meinten, ihren letztlich nur die Arbeit der Polizei behindernden Kommentar abgeben zu müssen. Einige Nachrichtenkanäle übernahmen Teile des Ge-Twitters (heute „X") ungeprüft. Am Ende wusste man: Es war immer nur ein Attentäter. Und der war nur neun Minuten nach Beginn des Terroranschlages bereits tot. Von einem Sondereinheitspolizisten mit gezieltem Schuss getroffen.

Ein Desaster für die Medienwelt, für Anbieter von Live-„Informationen". Nein, eben nicht nur von Informationen, sondern auch von Gerüchten und Nachrichten anonymer und auch nicht anonymer Pseudoquellen.

Selbst das neuerliche Beschreiben dieser Szene (Attentäter kehrt zurück und erschießt den am Boden liegenden Mann), jetzt in Wort und Schrift, erzeugt in mir das Bild von damals und ich muss – fast vier Jahre danach – betroffen beim Schreiben innehalten.

Zur Angst vor der *Nachrichtenflut* kommt bei einigen Leserinnen, Hörern und Seherinnen noch eine weitere Angst hinzu: Was, wenn ich etwas versäume? So hat sich der Trend festgesetzt, nur noch die Überschriften zu konsumieren. Fast zwei Dritteln der Userinnen und User genügt das.

Häufig werden Artikel gar nicht mehr gelesen, sondern einfach nur in der sozialen Medien- und Messengerwelt geteilt oder weitergeleitet. Dann war man auch dabei. Irgendwie.

„Für den Geist sind Nachrichten das, was Zucker für den Körper ist"[50], wie der Schweizer Schriftsteller Rolf

Dobelli formuliert. Wer bei seiner geistigen Nahrung nur das Fettgedruckte, gemeint sind die Schlagzeilen, zu sich nehme, lebe ungesund, denn sie wirkten wie Schlagsahne, sagt auch der Kölner Immunbiologe Gerhard Uhlenbruck.

Laut der Studie des deutschen Sprachwissenschaftlers Wilfried Kürschner[51] werden 59 Prozent aller bei Facebook oder Twitter verlinkten Beiträge nicht angeklickt. Die meisten Stories im Netz werden also zwar gern herumgeschickt, aber nicht gelesen. Weder vom Absender noch vom Empfänger.[52]

Im Netz: teilen ja, lesen nein

Die Auswirkungen von Informationsangst liegen auf der Hand. Zunächst die Dosis erhöhen, immer mehr und immer schneller Informationen nur in Überschriften aufschnappen, dann teilen und der Stresslevel steigt. Das RND (RedaktionsNetzwerk Deutschland), das Dutzende Nachrichtenportale deutscher Tageszeitungen versorgt, analysiert: Diese Dauerstimulation habe reale körperliche und seelische Folgen. Wegen des höheren Stresslevels, verbunden mit (Informations-)Angst, schütte der Körper das Hormon Cortisol aus (das ist an sich nichts Neues), aber, für den Fall, dass dieser Stress und diese Angst zu lange anhalten, könne er die Erneuerung der 100 Milliarden Nervenzellen im Gehirn behindern. Der Hippocampus werde dadurch geschädigt – ausgerechnet das Hirnareal, das Stress im Zaum hält. Ein Teufelskreis.[53]

Außerdem vergrößere Stress die Amygdala (unser Gefühlszentrum). *„Bei chronischer nervlicher Anspannung verästeln sich bestimmte Amygdalazellen stärker und sorgen dafür, dass Menschen mit Angst und Schrecken überreagieren. Ihnen erscheint plötzlich alles Mögliche als gefährlich und bedrohlich, was rational betrachtet harmlos ist. Noch ein Teufelskreis. Die Folge ist jener hysterische Pessimismus, der von der Flüchtlingskrise bis zum US-Präsidentschaftswahlkampf alle großen Debatten der Gegenwart kennzeichnet.“*[54]

Eine medizinische Verifizierung dieser Aussage ist nicht bekannt, deshalb bleiben wir äußerst vorsichtig in der Möglichkeitsform.

Es sollte nur eines aufgezeigt werden: Wem diese Daueranspannung irgendwann viel zu viel ist, der rettet sich oft in den Seitenwechsel. Aus. Informationssperre. Informationsverweigerung. In vielen Fällen bedeutet das: zurück ins bequeme Schwarz-Weiß-Denken. Sollen sich doch andere diesen News-Trash reinziehen – und dann letztlich für einen entscheiden, in dem sie das von ihnen Erdachte oder selbst Konsumierte in knappen Botschaften weitergeben – immer öfter in den Kanälen politischer Parteien. Objektivität gilt dann als ein Argument *von gestern* – die wahren Produzenten von Fake News seien alle anderen, vor allem die „Öffentlich-Rechtlichen“. Eine dreiste und ebenso gefährliche Drehung journalistischer Grundprinzipien.

Dass also Populisten für die neuen Informationsverweigerer sehr gern in die Bresche springen (würden), ist keine Schlussfolgerung, die zynisch anmuten soll, sondern wohl ein recht reales Szenario.

Meister dieses Faches, um kurz Europa zu verlassen, ist Donald Trump. Er stehe wie kein Zweiter für den kurzen Kick, für das Regieren per Radikal-Tweet, für Eindeutigkeit also, heißt es in einem Artikel des RedaktionsNetzwerks Deutschland vom 28.10.2020, am Ende Donald Trumps (erster?) US-Präsidentschaft: *„Zu viele Immigranten? Wir bauen eine Mauer! Coronavirus? Kommt aus China! Joe Biden? Ein Sozialist! Ambiguität ist seine (Anmerkung: Trumps) Sache nicht. Die Wut seiner Anhänger darüber, dass die Welt sich weiterdreht, das Gefühl der Kränkung und die Angst vor dem Verlust der Deutungsmacht als weiße Mehrheit verhindern Ambiguitätstoleranz. Die USA sind bei aller Vielfalt ein Land, das Eindeutigkeiten liebt. Nicht ohne Grund sind dort Sportarten, in denen es kein Unentschieden gibt, populärer als Fußball oder Handball. Amerikaner wollen einen klaren Sieger. Millionen Trump-Fans fühlen sich als moralisches Zentrum des Sonnensystems.“*[55]

Immer mehr Mittel zum Zweck haben sich in den vergangenen Jahren der Temposteigerung und Beschleunigungslogik – einer Begleiterscheinung des (Finanz-)Kapitalismus – verselbstständigt. Das Mittel ist zum Zweck geworden. So wie das Auto längst vom reinen Transportmittel über ein Statussymbol bis zum fahrenden Wohnzimmer mit Hunderten Zusatzausstattungen wurde, ist auch der mobile Telefonapparat in die luxuriöse Breite explodiert. Wie ein menschliches Zusatzorgan immer dabei. Das künstliche Knie oder der Herzschrittmacher für den Geist. Ein zweites Gehirn, dem wir zuerst nicht entfliehen wollten und jetzt nicht mehr können.

Jedes Rad ist nicht mehr nur Rad. Viele Küchen längst nicht mehr nur zum Kochen. Smart muss sie sein und leere Kühlschränke am besten selbst befüllen. Am irrsten ist wohl die Geschwindigkeit, mit der die Anzahl und Dichte von Informationskanälen wächst. Die Künstliche Intelligenz erscheint in dieser Entwicklung wie ein Finale der Entmenschlichung. Aber wer weiß, da wird wohl auch danach noch so einiges kommen.

Vieles ist allerdings schon da – oder beinahe da. So zielt der sogenannte Transhumanismus darauf ab, etwas zu kreieren, das über das rein Menschliche hinausgeht. All unsere Fähigkeiten, egal ob geistig oder körperlich, sollen ausgebaut werden. Mit Nano- und Biotechnologie. Vieles kann ein Segen sein. Blinde dürfen auf ein Augenlicht hoffen, Menschen mit Teillähmungen auf Prothesen, die über einen Prozessor gesteuert werden, oder Parkinsonkranke auf technische Stimulationsmechanismen, mit denen das Gehirn ihre Krankheit in den Griff bekommt.

Raymond Kurzweil, Leiter der technischen Entwicklung bei Google LLC, ist Erfinder und Autor, er sieht schon seit 2017 ein reales Szenario, bei dem das menschliche Gehirn direkt mit dem Internet verbunden ist, und glaubt an den ersten Einsatz ab 2030. Dann wird der direkte Zugang zu Informationen ein unendlicher sein.[56]

Längst sehen die „echten" Transhumanisten Krankheiten als Auslaufmodelle, und am Ende auch den Tod. Noch sind wir nicht unsterblich. Aber das Ziel der Menschheit bleibt sie: die Unsterblichkeit.

Noch leben wir in Befristung und sollten deshalb vielleicht eher darüber nachdenken, wie heute die Gesamtbilanz nach 17 Jahren mit dem Smartphone als Supercomputer (Verkaufsstart von Apple 2007) ohne rosa Technikblick aussieht. Sind wir freier oder versklavter geworden?

„Digitaltechnologie stört die Wahrheit"[57], schreibt schon 2016 Katharine Viner, Chefredakteurin des britischen „Guardian". Was nicht in Zehntelsekunden auf Interesse stoße, werde einfach ignoriert, was zwar substanziell, aber reizarm sei, werde aussortiert. Das führe zu einer Simplifizierung der Welt, einer Aufsplittung großer Zusammenhänge in leicht konsumierbare und grell ausgeleuchtete Einzelfacetten.

Der Philosoph und Informationswissenschaftler Rafael Capurro aus Uruguay konstatiert 2008, dass *„informationelle Angst und ihr Gegenstück, informationelles Vertrauen, als grundlegende Stimmungen der digital vernetzten Informationsgesellschaft"* zu sehen seien.[58]

Es ist schließlich Richard Saul Wurman, ein US-Architekt und Grafikdesigner, der das Internet als ein schwarzes Loch zwischen Daten und Wissen sieht, weil es uns nicht das mitteile, was wir eigentlich wissen möchten. Jedenfalls sei die Kluft *„zwischen dem ‚was wir verstehen', und dem, ‚was wir glauben, verstehen zu sollen'"*[59], groß.

Der kritische Geist vertraue daraufhin dem aktuellen Wissen nicht mehr als sicheren Ausgangspunkt für künftige Erkenntnisse. Vielleicht wäre es sogar angebrachter, nicht nur vom Schwarz-Weiß-Denken versus Grautöne zu sprechen, sondern vom Gegensatzpaar: Vertrauen versus Angst.

Das Vertrauen-Angst-Denken

Das Vertrauen (wem auch immer) als Schwarz-Weiß-Denker steht der Angst vor dem Abenteuerleben in der ungemütlichen Zone der Grautöne gegenüber. Ob im schwarzen oder im weißen Sektor, es ist auch ein Leben in der Komfortzone. Ich schließe mich Ansichten und Parolen aus Politik und Wirtschaft an, verweigere eigenes Denken – ob wegen Unverständlichkeit von Sachthemen, Informationsangst oder schlicht aus einer Trägheit heraus. Letztlich sind die Ursachen nicht relevant. Andere sollen mir sagen, wo es langgeht. Denn bei allem, was nicht eindeutig auf mich zukommt, muss ich den sicheren Boden der Hilfe von außen verlassen und gerate in die so schwierige Grauzone, wo Uneindeutigkeit, Komplexität und Mühsal auf mich warten, besonders aber das Selbstdenken.

Grau ist Arbeit.

Entsprechend bedeutet „Schwarz-Weiß-Malerei" im metaphorischen Sinn, dass sich jemand lieber in Extremen als in einem „Sowohl-als-auch" bewegt. Man könnte auch sagen, dass wir uns dem „Gut-oder-böse"-Denken annähern. Hier das Gute, dort das Böse und in der Mitte der abwägende Mensch, darauf bedacht, im Schwarzen als auch im Weißen das Gute zu finden. Was wiederum bedeuten würde, dass nicht das eine nur „gut" und das andere nur „böse" sein kann.

Der entscheidende Unterschied besteht, wie bereits angeführt, im Aufwand. Was schwarz oder weiß ist, muss ich nicht selbst bestimmen. Man denke an folgende Aussagen:

Impfen zur Vorbeugung gegen eine mögliche Coronaerkrankung ist wichtig (schwarz oder weiß).

Impfen zur Vorbeugung gegen eine mögliche Coronaerkrankung schadet meinem Körper mehr, als es ihm vielleicht bringt (weiß oder schwarz).

Da bleiben nicht viele Möglichkeiten dazwischen. Vor allem dann nicht, wenn jemand anderer diese Aussagen tätigt. Zum Beispiel eine Politikerin oder ein Politiker, der oder dem ich grundsätzlich vertraue. Oder eine Wissenschaftlerin oder ein Wissenschaftler, der oder dem ich grundsätzlich vertraue oder weil ich grundsätzlich der Wissenschaft vertraue. Zumindest mehr als der Politik. Oder eben umgekehrt.

Was muss hingegen jene Person tun, die beiden nicht glaubt? Diese Person muss arbeiten. Sie muss lesen, vergleichen, Gespräche führen, recherchieren, jedenfalls sehr viel Zeit damit verbringen, für sich eine Antwort zu finden. Eine Arbeit, die sich Schwarz-Weiß-Denker ersparen (wollen).

Aber haben sie mitbedacht, dass diese Passivität auch andere Folgen haben kann? Streit, Auseinandersetzung, Verärgerung, auch Kränkung sind unbestritten wahrscheinlicher, wenn die eine schwarz und der andere weiß argumentiert oder umgekehrt. Von der Kränkung ist es dann nicht mehr weit zu Beziehungsstreitigkeiten, zu Trennungen, zu Burn-out im Beruf bis zum Verlust des

Arbeitsplatzes. Ist also das Schwarz-Weiß-Denken eine Form des Negativ-Denkens? Auf den ersten Blick nicht, auf den zweiten sehr wohl.

Andere Meinungen und Lebenseinstellungen kategorisch zurückzuweisen, ist mit positivem Denken schwer zu vereinbaren. *Alles oder nichts, Entweder-oder* sind nur andere Formulierungen für ein Denken in Schwarz-Weiß.

Wer nicht für mich ist, ist gegen mich,

entblöden sich nicht einmal Menschen aus der Politik, mit Sätzen wie diesen das Wahlvolk zu gewinnen. In den sogenannten sozialen Medien oder in den meisten Leserinnen- und Leser-Foren diverser Zeitungen (gleiches gilt für Hörer und Seherinnen) ist diese Sichtweise weitgehend Normalzustand. Doch anstatt dagegenzuhalten, eignen sich Politik und Werbung die digitale Unversöhnlichkeit immer mehr an. Die Botschaften werden einfacher, härter und kürzer.

Auf den ersten Blick verzeihlicher scheinen da schon Gesänge in Sportstadien, wenn es etwa aus Tausenden Rapid-Fankehlen „*Wer nicht hüpft, ist Austrianer*" tönt – Name des gebrüllten Fußballteams zwischen Dortmund und Bayern oder LASK und Blau-Weiß Linz beliebig ersetzbar. Aber sogar in diesen Aufenthaltsorten von Spielern und Fans, in denen Schwarz-Weiß-Denken logischer Bestandteil des Geschehens ist, ufern Gesang, Gebrüll und Inhalte immer mehr aus. Erst 2024 war ein Wiener

Verein deshalb wochenlang in den Schlagzeilen – Strafen, Sperren, Grundsatzdiskussionen über Verhalten in Stadien die Folge.

Wer schwarz-weiß denkt, hält den Kompromiss immer für faul, ein Nebeneinander für sinnlos und ein Miteinander für ausgeschlossen

Nur die Polarisierung weckt Emotionen. *„Die anderen sind eh auch ganz gut, aber wir sind besser"*, wird schwer zu finden sein. *„Wir sind gut, die anderen schlecht"*, ist schon eher der Normalzustand in Botschaften.

Einer der gefährlichsten Zerstörer jugendlicher Seelen ist das Cyber-Mobbing mit seiner bis zur Lebensgefahr der oder des Angesprochenen reichenden entsetzlichen Dauer-Polarisierung.

Wird das Entweder-oder zur allgemeinen Lebenseinstellung, so kann das aus Sicht der Medizin durchaus die Gefahr in sich bergen, psychisch zu erkranken. Was, wenn die Angst davor, das Falsche zu entscheiden, beginnt, sich in meinen Alltag einzuschleichen. Entscheidungen können so zur Lebensqual werden. Sie werden aufgeschoben oder irgendwann gar nicht mehr getroffen. Durch diese selbst verursachte Lähmung können die Unfähigkeit zur Alltagsbewältigung oder in der Folge Depressionen entstehen.

Auch in der Medienbranche begegnet einem fallweise ein Phänomen: die Fehlervermeidungsstrategie. Lieber weniger Mut zur kreativen Artikel- oder Beitragsgestaltung an den Tag legen, lieber weniger scharf formulieren, lieber so manch gar zu Kritisches weglassen, als einen Fehler machen. Angst vor einem Fehler oder gar dem Versagen macht aber erst recht nervös, unsicher und schwächt die Konzentrationsfähigkeit auf Inhalte, weil ihr die Metaebene des Grübelns über mögliche Fehler im Weg steht. So werden vielleicht wichtige Recherchen unterlassen, auch aus Zeitdruck, oder es wird Relevantes übersehen. Oder gar durch Irrelevantes ersetzt.

Fehler zu machen, bedeutet, kritisiert zu werden. Im weniger schlimmen Fall von der vorgesetzten Führungskraft oder – im weitaus belastenderen Fall – mittels „Shitstorm" durch die sozialen Medien verbal geprügelt zu werden.

Das nahezu Perverse an diesem selten ausgewogenen, die Betroffene oder den Betroffenen verbal verletzenden, kränkenden Sturm der Entrüstung in der virtuellen Welt ist, dass die Verfasser derartiger Beleidigungen im Netz nicht selten sehr wenige Personen oder kleinere Gruppen, manchmal 20 bis 40 Personen, sind, sich aber die Traditionsmedien, vor allem Zeitungen, immer wieder mit Genuss auf das „Böse" werfen und Stunden später oder am Tag darauf in ihren Druckausgaben die „Shitstorm"-Schleuderer zitieren und ihnen erst so eine teils millionenfach höhere Bedeutung geben, als wenn die herkömmlichen Blätter von dieser unsäglichen Methode Abstand nehmen würden.

Grundsätzlich führt ein Sich-auf-der-falschen-Seite-Wähnen, egal ob das nun wirklich zutrifft (denn wer beurteilt letztlich falsch oder richtig, wenn es sich *nicht* um wissenschaftliche fundierte Eindeutigkeiten handelt), zu Unsicherheit. Und von Unsicherheit kann das Selbstwertgefühl enorm beeinträchtigt werden. Wenn im Fall von Journalistinnen und Journalisten der Zweifel mitschreibt, dann wird es oft schwierig, seinen Beruf weiterhin gut ausüben zu können.

Der Zweifel kann Betroffene in ihren Tätigkeiten lähmen, irrelevant, um welche es sich konkret handelt. In vielen Fällen ist er allerdings eine unumstrittene Voraussetzung und Basis, vor allem für jene, denen das Hinterfragen von tatsächlichen und angeblichen Fakten zur Berufung oder zum Beruf oder im Idealfall zu beidem geworden ist. Denn: Was heute „richtig" ist, kann schon morgen falsch sein.

Denken wir etwa an die heimische Politik: Wenn einem österreichischen Bundeskanzler ein langes Verweilen in dieser Funktion prognostiziert wird und sich da die meisten wirklichen oder auch selbst ernannten Experten und Expertinnen „ganz sicher" sind, dann kann schon am Tag darauf eine mit 180 Grad gewendete Lage, also das Gegenteil der ursprünglichen Prognose, als „ganz sicher" gelten. Etwa weil in einem gerichtlichen oder auch außergerichtlichen Verfahren ältere „Chat-Nachrichten" aufgetaucht sind und man exakt diesen Kanzler für ganz plötzlich als rücktrittsreif erklären sollte. Und so wird das Leben in den Kommunikationsgeschwindigkeiten von heute zu einer permanenten Pflicht der Neubewertung – außer man lässt sich im Schwarz oder Weiß einfach nieder. Und wartet ab.

Das Kommunikationstempo hat sich übrigens laut einer Studie der University of California in den vergangenen 200 Jahren – exakt seit 1825 – um das Zehn-Millionen-Fache erhöht und die Geschwindigkeit beim Reisen verhundertfacht.

Das Ganz-oder-gar-nicht-Denken

Ein selten beachteter Denkfehler im schwierigen Aufenthalt in der Grauzone der Abwägung und mühevollen Entscheidungsfindung ist das *Ganz-oder-gar-nicht*-Denken. Denn Entscheidungen könnten mittels kleinerer Vorentscheidungen sehr wohl auch anders getroffen werden.

Ja, das Beispiel mag banal sein, aber bei so ziemlich jedem Weg haben wir zwei Möglichkeiten. Gehen – natürlich auch laufen – oder ein Transportmittel verwenden, egal ob zu Fuß oder per Aufzug in die oberen Stockwerke, egal ob auf der Straße oder der Schiene, am Wasser oder in der Luft. Einzelne Schritte zu setzen, zwar im Wissen später anzukommen, dafür aber die Reiseroute bewusst Stück um Stück wahrzunehmen, oder doch ein schneller Sprung von A nach B, der nur durch Inanspruchnahme einer technischen Unterstützung möglich ist.

Beispiel Klimaschutz: Der Weg vom Menschen mit großem ökologischem Fußabdruck zum Vorzeige-Klimaschützer muss nicht an einem Tag gelingen. Zunächst um 20 Prozent weniger mit dem Auto zu fahren und den Fleischkonsum zu drosseln, wäre etwa ein Beginn. Dann könnten viele weitere Schritte in einem bestimmten selbst festgelegten Zeitraum folgen und das Ziel, grundsätzlich ökologischer leben zu wollen, wird ebenfalls erreicht. Das Schwarz-Weiß-Denken eignet sich demnach auch nicht, wenn es um „gute", „vernünftige" Ziele geht. Oder wie es der Ökonom Tomáš Sedláček treffend formuliert: *„Ist es nicht besser, in etwa richtig als genau falsch zu liegen."*[60]

Schwarz-Weiß-Denken in der Ökonomie

Auch die Zunft der Ökonominnen und Ökonomen neigt schon knapp ein Jahrhundert lang zu Schwarz oder Weiß. Ob sie Grautöne bewusst nicht sehen wollen oder für nicht möglich halten, ist nicht bekannt. Wahrscheinlich trifft beides zu. Bei Wirtschaftsdogmatikern handelt es sich nicht selten um die zweitgenannte Spezies, denn die Wirtschaft müsse so frei wie möglich agieren können, ohne Eingriffe des Staates, der Markt allein sei ausreichend, um für Gleichgewichte zu sorgen. Mit flexiblen Löhnen gelinge das am Arbeitsmarkt, mit flexiblen Zinsen am Kapitalmarkt, und selbstverständlich gelinge das auch am Markt für Güter und Dienstleistungen, da sorge die flexible Preisgestaltung für einen Ausgleich von Angebot und Nachfrage.

Zwei Weltwirtschaftskrisen (1929 und Folgejahre sowie 2008 und Folgejahre) haben gezeigt, dass bei einer derartigen Wirtschaftstheorie der ökonomische Holzweg mit ziemlicher Sicherheit beschritten wird, abgesehen davon, dass ein Staat, der auch nur ein halbwegs soziales

Gewissen in seine Politik einfließen lassen möchte, mit dem „totalen Markt" nur scheitern kann.

Ebenso falsch wäre die komplett gegenteilige Wirtschaftspolitik. Den Markt derart in seinen Möglichkeiten durch Staatsinterventionen zu beschränken, dass am Ende nur noch schwere Wettbewerbsverzerrungen und riesige Schuldenberge stehen.

Zwar geraten wirtschaftspolitisch gesehen sehr rechts oder sehr links stehende Regierungen immer wieder in Versuchung, jene Theorie, die sie für die einzig wahre halten, gnadenlos durchzuziehen, aber zumindest in vielen europäischen Ländern hat sich weitgehend die vernünftige Mischung im ökonomischen Graubereich, der sogenannte „Policy Mix", durchgesetzt, das Zusammenspiel von Fiskal- und Geldpolitik, also die möglichst gleichzeitige Umsetzung verschiedener wirtschaftspolitischer Maßnahmen, wenn man – sehr vereinfacht – will, dass sich die Kombination aus linker Politik (mehr Staat) und konservativer (mehr Marktorientiertheit) durchsetzt. Mit der Fiskalpolitik sind Maßnahmen des Staates gemeint, mit denen über öffentliche Einnahmen und öffentlichen Ausgaben die konjunkturelle Entwicklung gelenkt werden soll. Den Bewegungen am Markt wird sozusagen ein wenig unter die Arme gegriffen. Basierend auf den Annahmen von John Maynard Keynes soll der Staat mittels gezielter Ausgaben- und Investitionspolitik die gesamtwirtschaftliche Nachfrage mitsteuern (etwa durch Straßenbau, große Infrastrukturprojekte, transeuropäische Eisenbahnnetze und dergleichen), um die Beschäftigung in der Volkswirtschaft zu erhöhen. Die Staatsausgaben und Staatseinnahmen sollten allerdings antizyklisch, also entgegen dem Konjunkturverlauf, ausgerichtet werden. In einer Rezession kann also sehr wohl mehr ausgegeben werden, in boomender Konjunktur sollte hingegen gespart werden, was aber von den jeweiligen Regierungen gern in Folgejahre verschoben wird. Damit wachsen jedoch die Schuldenberge. Übrigens hatte selbst Keynes das so nicht gemeint. Spare in der Zeit, dann hast du in der Not, sollte eigentlich gelten. Mittlerweile ist es eher üblich geworden, Teil eins, das Sparen, zu vergessen.

Schwieriger einzuordnen ist die Geldpolitik. Ist sie expansiv („Geld in die Wirtschaft pumpen"), kann man wohl schwer von konservativer Wirtschaftspolitik sprechen. So verbilligt eine Senkung der Leitzinsen durch die Europäische Zentralbank (im Euroraum hängt man an der EZB-Politik, nationale Politik ist nicht mehr möglich) die Kredite, in dem durch eine ausweitende Kreditpolitik der Geschäftsbanken die Geldmenge erhöht wird.

Bei einer restriktiven Geldpolitik wird der Leitzins erhöht, so sollen Kredite teurer und dadurch das Wirtschaftswachstum gebremst werden. Hauptziel: Das Niederhalten der Inflation. Kritikerinnen dieser Politik sprechen vom Kaputtsparen der Volkswirtschafen ... Eine moderne Umsetzung dieser konservativen Wirtschaftspolitik spare nichts kaputt, sondern schaffe durch Senkung der Abgabenlast neue Spielräume, argumentieren wirtschaftspolitisch eher rechts angesiedelte Ökonomen. Und Staatsschulden könnten wieder abgebaut werden.

Auch hier gilt: Für und wider. Rechts oder links. Schwarz oder weiß.

Wenn Schwarz-Weiß-Denken auf die Seele drückt

Schwarz-Weiß-Denken wird dann gefährlich, wenn es zum Hauptansatz des betreffenden Lebens wird. Die Psychologie spricht vom *Dichotomen Denken*, auch *Alles-oder-nichts-Denken*. Also von einem „Denken in extremen Kategorien"[61] ohne die Verwendung von Zwischenstufen. Geht es um den Selbstwert, so sehen betroffene Menschen in Situationen, die das Selbst berühren, für sich nur den kompletten Sieg oder die vollständige Niederlage. Es gibt kein Dazwischen, keine Abstufungen, kein Grau. Kein „und", nur das Entweder-oder. Was zu extrem emotionalem Verhalten führt.

Das kann zur Folge haben, dass sich die Betroffenen als extrem gute oder auch als extrem schlechte Menschen fühlen. Oft kommt es in letzterem Fall zur gefährlichen Selbstbeschimpfung. Dieses binäre Denken kann auch zu gegenteiligen Reaktionen führen wie zur Schuldzuweisung an andere: *An meiner Niederlage bin ich keineswegs selbst schuld, ich habe keine Schwächen.* Kritik von außen wird sowieso nicht zugelassen oder gar akzeptiert.

Der bereits erwähnte britische Psychologe Kevin Dutton hält es grundsätzlich für gut, dass Menschen in einer kontinuierlichen Welt der Grautöne Eindeutiges, wie Schwarz und Weiß, erkennen würden. Manchmal würden sie sich nach geistig wahrgenommener Geschlossenheit sehnen, nach klaren und eindeutigen Antworten.[62]

Denn nichts quält den Menschen so wie Unsicherheit. Übrigens auch den ökonomisch handelnden Menschen. Unsicherheit erschwert nicht nur seine Entscheidungen, sie verunmöglichen diese zum Teil. Für die sogenannten „Postkeynesianer" ist Unsicherheit überhaupt das größte Übel für ökonomisch gute Entscheidungen.

Wer keine klaren Antworten kennt, wird handlungsunfähig. Das Problem des Schwarz-Weiß-Denkens sei laut Kevin Dutton die Gefahr der Schubladisierung, etwa ein Satz wie: Menschen mit dieser Hautfarbe sind eben so, wie sie sind. Das sei eben Rassismus – sonst nichts.[63] Eine Schubladisierung mittels konkreter Zuschreibung von Stereotypen. Denn in Zeiten der digitalen Schnellschüsse, die notwendig sind, um mit – meist bescheidenem Neuigkeitswert versehene – Erstbotschaften ganz vorne dabei sein zu können, bleibt keine Zeit für ein Abwägen in Grau. Abwägen ist langweilig.

Vielleicht ist der Graubereich nur falsch definiert. Steckt nicht im Grau die eigentliche Vielfalt? Das Bunte? Und flüchten sich vielleicht Menschen von heute auch in ganz anderen Lebensbereichen, in denen es keineswegs um die großen Fragen oder gar das Existenzielle geht, in eine Art von Schwarz-Weiß-Denken? Wenn es sich etwa um Stil, Mode, Trends, kulturell Angesagtes oder um Gebräuche und Sitten handelt? Wird nicht gerade die durchgehende Vereinheitlichung zum Weltmotto erhoben? Zwar thront auf der einen Seite der Individualismus ganz oben auf der Bedeutungsskala gefühlter Lebenswichtigkeiten. Auf der anderen Seite passt der angeblich von jeglicher Abgrenzung zur öden Allgemeinheit beseelte Individualist sein äußeres Erscheinungsbild, ja sein gesamtes gezeigtes Verhalten, vor allem in Gruppen, immer mehr einem Welttrend an.

Ein USA-Reisender schreibt: *„Stärkster geistiger Eindruck von jeder Reise in den letzten Jahren, trotz aller einzelnen Beglückung: ein leises Grauen vor der Monotonisierung der Welt. Alles wird gleichförmiger in den äußeren Lebensformen, alles nivelliert sich auf ein einheitliches kulturelles Schema. Die individuellen Gebräuche der Völker schleifen sich ab, die Trachten werden uniform, die Sitten international. Immer mehr scheinen die Länder gleichsam ineinandergeschoben, die Menschen nach einem Schema tätig und lebendig, immer mehr die Städte einander äußerlich ähnlich. Paris ist zu drei Vierteln amerikanisiert, Wien verbudapestet: immer mehr verdunstet das feine Aroma des Besonderen in den Kulturen, immer rascher blättern die Farben ab, und unter der zersprungenen Firnisschicht wird der stahlfarbene Kolben des mechanischen Betriebes, die moderne Weltmaschine, sichtbar. (…)*

Ein Beispiel: das Radio. Alle diese Erfindungen haben nur einen Sinn: Gleichzeitigkeit. Der Londoner, Pariser und der Wiener hören in der gleichen Sekunde dasselbe, und diese Gleichzeitigkeit, diese Uniformität berauscht durch das Überdimensionale. Es ist eine Trunkenheit, ein Stimulans für die Masse und zugleich in allen diesen neuen technischen Wundern eine ungeheure Ernüchterung des Seelischen, eine gefährliche Verführung zur Passivität für den einzelnen. Auch hier fügt sich das Individuum, wie beim Tanz, der Mode und dem Kino, dem allgleichen herdenhaften Geschmack, es wählt nicht mehr vom inneren Wesen her, sondern es wählt nach der Meinung einer Welt."64

Wann immer Sie es gemerkt haben, ob mit dem Beginn des Textes, weil sie ihn gekannt haben, ob mittendrin, ob am Ende oder gar nicht. Diese Zeilen sind 100 Jahre alt. Geschrieben von Stefan Zweig, 1925. Was würde er heute schreiben?

Wir wissen es nicht, also lassen wir diesen Text einfach stehen und wirken.

100 Jahre nach diesem Feuilleton-Beitrag kommen jedenfalls dazu: Verstädterung, größere Mobilität, Verkehrschaos, industrialisierte Landwirtschaft, multinationale Konzerne, Globalisierung, Hochtechnologie, Kommunikationsexplosion, Internet, Künstliche Intelligenz, Finanz- und Casino-Kapitalismus, Klimawandel. Stoppen wir diese relativ sinnbefreite Nacherzählung über 100 Jahre Technik an diesem Punkt und fragen wir uns eher: War all das schicksalshaft? Konnten wir Einzelnen uns wirklich gegen gar nichts auflehnen, zur Wehr setzen, nichts ablehnen?

Bedauerlicherweise ist die Antwort kein eindeutiges Nein, natürlich wäre die Verweigerung möglich gewesen. Theoretisch könnte und kann jedes Mitglied der demokratisch gestalteten Gesellschaften zu neuen Entwicklungen ausrufen.

Aber ist uns das wirklich noch möglich?

In Erinnerung wird mir eine Aussage einer Schuldirektorin eines Wiener Gymnasiums bleiben, die uns Eltern dazu geraten hatte: *„Bitte kaufen Sie Ihrem (10-jährigen) Sohn ein Smartphone, er wird sonst ein Außenseiter werden. In der Schule – und in seiner Freizeit ohnehin."*

Oder der Satz eines früheren Vorgesetzten aus dem Jahre 2001: *„Ich besitze zwar so ein Smartphone, aber nie im Leben werde ich die E-Mail-Funktion aktivieren, ich bin doch nicht verrückt, SMS und Anrufe genügen mir."*

Oder ein Arbeitskollege im Jahr 2014: *„Wer nicht twittert, ist kein Journalist."*

Die Vereinheitlichung schreitet voran. Denn irgendwann geben (fast) alle auf, sich gegen technologische Trends und Massenprodukte zu wehren. Selbst dann, wenn sie die Sinnhaftigkeit derselben bis zur letzten – möglichen – Minute vollumfänglich in Zweifel gezogen haben. Nichterreichbarkeit wird von der Außenwelt nicht mehr geduldet. In der eigenen Innenwelt verhält es sich so mit der Unverfügbarkeit.

Alles wollen, alles haben und das zügig. Der bekannte deutsche Soziologe Hartmut Rosa bezeichnet es als zentrales Bestreben, die eigene Reichweite zu vergrößern. Der Mensch von heute wolle sich aber die gesamte Welt nicht nur ökonomisch und technisch verfügbar, er will sie auch wissenschaftlich erkennbar machen.[65]

In der Tat mutet es in vielen Gesprächen, ob man sie nun selbst führt oder in den Medien verfolgt, seltsam an. Offenbar fühlen bald jede Frau und jeder Mann ein Forschergen in sich schlummern. Da wird Wissenschaftliches diskutiert und kritisiert, als handle es sich um einen

Lehrstuhl einer wissenschaftlichen Fakultät, auf dem man Platz genommen hat. Jede bzw. jeder hat nur das innere Verlangen, überall mitreden zu müssen.

Was aber macht das mit dieser Gesellschaft? Werden einem Grenzen aufgezeigt, so wird man mitunter im besten Fall gereizt, im gefährlicheren Fall wütend.

Man ist getriggert.

4

VON WUTAUSLÖSERN,
KIPP -UND TRIGGERPUNKTEN

Am Beginn des 21. Jahrhunderts steht eine Art Entfremdung. Sie ist das Ergebnis der im vorigen Kapitel beschriebenen Unverfügbarkeit dieser immer an Möglichkeiten größer gewordenen Welt. Diese Unverfügbarkeit wird nur immer weniger erkannt. Im Gegenteil, jede und jeder tendiert dazu, die Welt als verfügbar anzusehen. Die These des Soziologen Hartmut Rosa besagt[66], wenn ich die Welt für wissenschaftlich erkennbar, rechtlich berechenbar, politisch im Griff und den praktischen Alltag kontrollierbar halte, verstummt diese. Und ein Dialog findet nicht mehr statt. Eine Entfremdung also zwischen Mensch und Welt.

Man kann dieser düsteren Entwicklung schon etwas entgegensetzen, aber das setzt voraus, dass wir Unverfügbarkeiten wieder akzeptieren und an bestimmten Punkten des Lebens ein Geschehenlassen wieder hinnehmen. *Ein Einlassen auf das Fremde und Irritierende*[67], wie es Hartmut Rosa formuliert. Nur diese daraus möglicherweise entstehende Resonanz ist ein geeignetes Gegenmittel gegen Entfremdung. Mit einem Wort, erst wenn wir akzeptieren, dass auf dieser Welt nicht alles verfügbar ist, kann es gelingen, mit dieser wieder in Beziehung zu treten.

Alles ist möglich – schon immer ein dummer Denkfehler

Wenig ist möglich.

„Alles ist möglich" war nie mehr als eine motivierende Redewendung, ein netter Werbespruch, etwa beim Österreichischen Lotto. Und dennoch wird immer wieder suggeriert, wenn man sich nur genug anstrenge und sich ausreichend schrill in den Netzwerken darstelle, dann werde letztlich doch alles irgendwie möglich sein.

Die große Vorgaukelei. Gefährlich wird es dann, wenn dieses permanente Gerede in den Tausenden uns zugänglichen Kommunikationskanälen Frustration denn Hoffnung zurücklässt.

Eine der Hauptsorgen – nicht nur der älteren Generation, wie in Umfragen und sogenannten empirischen Studien stets behauptet wird – ist das Nicht-mehr-Mitkommen-Können, das Gefahrlaufen, den Anschluss an die digitalisierte, komplexe Welt zu verlieren.

Während ich Ende Mai 2024 diese Zeilen schreibe und Deutschland das Jubiläum *75 Jahre Grundgesetz* feiert, ruft der deutsche Verein „Digitalcourage" zur Unterzeichnung der „Petition gegen Digitalzwang" auf. Wörtlich heißt es: *„Wir fordern den Bundestag auf, ein Recht auf Leben ohne Digitalzwang ins Grundgesetz aufzunehmen."*[68]

Der Artikel 3 des deutschen Grundgesetzes (Verbot von Benachteiligung und Diskriminierung) *„soll ergänzt werden um das Verbot, Menschen bei der Grundversorgung zu benachteiligen, wenn sie ein bestimmtes Gerät oder eine digitale Plattform nicht nutzen"*[69].

Faktum ist, dass nicht nur immer mehr Ärzte zu Onlineterminen raten oder Ämterwege digital zu bestreiten sind, sondern wir mittlerweile das halbe Leben lang gezwungen sind, uns ein- und auszuloggen, online zu registrieren oder eine App herunterzuladen und dabei vertrauliche, persönliche Daten zu hinterlassen. Und das, um Dienste zu nutzen, die eigentlich zur Grundversorgung zählen. *„Dies betrifft nicht nur alte, arme oder kranke Menschen, die die entsprechende Technik nicht nutzen können. Sondern es betrifft auch technik-affine Menschen, die sich gut auskennen und nicht ständig Verhaltensdaten in alle Welt senden oder wahllos neue Apps auf ihren Geräten installieren wollen."*[70]

Den Anschluss verlieren, Überforderung, Dinge nicht *verstehen* – von der virtuellen Welt bis zum wörtlich gemeinten: fremde Kulturen, deren Sprache und Gebräuche ich nicht kenne. *Angst essen Seele auf* ist genau 50 Jahre nach Erscheinen des gleichnamigen Films von Rainer Werner Fassbinder, in dem es eigentlich um die Angst von Gastarbeiterinnen und Gastarbeitern in Deutschland vor den Deutschen geht, noch immer eine oft gebrauchte Redewendung. Heute macht Angst immer öfter aggressiv. Die Polarisierung greift um sich.

Polarisierung. Polarisierung! Polarisierung!! – Stimmt diese Zuschreibung überhaupt?

2023 erschien ein Buch dreier deutscher Soziologen – Steffen Mau, Thomas Lux und Linus Westheuser – mit dem Titel „Triggerpunkte"[71]. Eigentlich ein Begriff aus der Psychologie (und auch aus der Physiotherapie). Gemeint ist: Wenn dich jemand an einem bestimmten Punkt trifft, an dem dich das Gesagte sehr kränkt oder gar Wut auslöst, dann hat dich dieses Verhalten, dann haben dich die Worte der betreffenden Person „getriggert".

Das Buch der Soziologen liefert eine detaillierte Studie zum Antwortversuch über die möglichen Auslöser für eine Polarisierung der Gesellschaft. Das Resümee der Autoren: Die Polarisierungsthese, wie sie in weiten Teilen der Bevölkerung schon einige Jahre lang vertreten werde, sei eigentlich falsch. Da ist man mehr als verdutzt und sich nicht so recht sicher, ob man den Autoren wirklich Glauben schenken mag und soll.

Aber der Reihe nach, beginnen wir mit dem Hauptbefund des Soziologen-Trios: Die Mitte der Gesellschaft sei nach wie vor sehr breit, zwischen den sogenannten Rändern sei ein breiter Korridor der Übereinkunft zu gesellschaftspolitischen Fragen empirisch zu belegen und die sogenannte Polarisierung sei schwach bis moderat ausgeprägt. Das in der Öffentlichkeit diagnostizierte Bild einer Spaltung könne man deshalb als stark überzogen zurückweisen. Doch (!!), wenden sie ein, es komme immer darauf an, *welche* Fragen man den Menschen genau stelle. Denn da gebe es heute sehr wohl

Fragestellungen, bei denen es mit dem Konsens sofort wieder vorbei sei und die Befragten pfeilschnell „an die Decke" gingen. Und schon wird ihre Conclusio wieder entschärft: Diese emotionalen Ausbrüche, wenn Menschen – innerhalb von größeren Gruppen (eine ganz wichtige Ergänzung) – mit ganz bestimmten Fragen konfrontiert werden, dürfe man keineswegs dazu verwenden, gleich auf eine polarisierte Tiefenstruktur der gesamten Gesellschaft zu schließen. Das eine sei die extrem hitzige Diskussion zu ganz bestimmten Themen, bei ganz bestimmten Fragestellungen, aber bleiben diese „Ausbrüche" bei der großen allgemein im ganzen Land geführten Debatte zu einem großen Themenkomplex aus, dann könne man daraus nur diesen Schluss ziehen: Das Große und Ganze ist den meisten Menschen relativ egal, nur wenn ein sogenannter Triggerpunkt berührt wird, ist es mit der von einer gewissen Grundtoleranz begleiteten Gelassenheit vorbei. Wie wenn man in einer Diskussion etwa auf das sogenannte Gendersternchen zu sprechen kommt. Es ist (laut Studie der drei Soziologen) keineswegs das Recht auf geschlechtliche Selbstbestimmung an sich, das Befragte verbal explodieren lässt, da hat die breite Schicht der Bevölkerung kein Problem damit, es ist das Gendersternchen selbst. Wir kennen die Argumente: Verschandelung der deutschen Sprache, Unleserlichkeit von Büchern und das Totschlagargument schlechthin: *Ja muss denn auf wirklich jede „Randgruppe" Rücksicht genommen werden. Liebe Politik konzentriert euch doch auf uns „normale" Durchschnittsmenschen der breiten Mitte, auf uns die Leisen, und nicht immer nur auf die Lauten, oft lauthals schreienden Ränder*, hört man dann immer wieder.

Was haben die Soziologen nun genau untersucht, wenn sie von Polarisierung, Spaltung der Gesellschaft und Ungleichheiten sprechen. Und wie sind sie dabei vorgegangen, um zu (hoffentlich) brauchbaren Ergebnissen zu kommen.

Zum einen fußen die Ergebnisse auf breit angelegten Telefonumfragen in repräsentativ ausgewählten Personengruppen quer durch Deutschland. Zum anderen haben die Wissenschaftler Studienteilnehmerinnen und -teilnehmer – mehrere große Gruppen einander unbekannter Personen – unter der Leitung eines Moderators über kontroverse Themen debattieren hatten lassen. Die Wissenschaftler selbst hatten sich hinter einem für sie transparenten, aber für die zu Studienzwecken eingeladenen Diskutantinnen und Diskutanten undurchsichtigen Spiegel aufgehalten und das Geschehen beobachtet und mitgeschrieben. Diskutiert wurde – ein Thema nach dem anderen – über vier sogenannte „Arenen" der Ungleichheiten.

Oben – Unten (Wohlstandsverteilung durch den Staat, ja oder nein?)

Oder auch: „die da oben" versus „die da unten". Also wohlhabend versus in ärmeren Verhältnissen lebend. Diese Ungleichheit umfasst alle Themen über Menschen mit wenig und viel Einkommen und das daraus resultierende mögliche Spaltungspotenzial.

Wir – Sie (Identitätspolitik zulassen, oder nicht?)
Heterosexuell versus sexuell divers, gendern versus
nicht gendern und Ähnliches, um diese Arena extrem
verkürzt zu beschreiben.

Heute – Morgen (Klimapolitik, sinnvoll oder sinnlos?)
Die Welt, wie sie heute ist, versus eine vom Klimawandel noch viel mehr beeinträchtigte Welt, wie
sie für morgen befürchtet wird. Krass ausgedrückt
könnte man von Klimaschützer gegen Klimaleugner
sprechen.

Innen – Außen (Migration, dafür oder dagegen?)
Menschen innerhalb Deutschlands beziehungsweise
der Europäischen Union versus Menschen, die von
außen kommen. Also das Thema Migration. Die
Überspitzung: Willkommenskultur für Flüchtlinge
versus rechts oder gar Rechtsextreme.

Die Gesamtergebnisse dieser empirischen Studie über einen
Zeitraum von drei Jahrzehnten (seit 1990) haben offenbar
selbst die Autoren überrascht. Der Soziologe Thomas Lux
von der Berliner Humboldt-Universität fasst sie bei einem
Medienauftritt im Dezember 2023 in Wien sinngemäß so
zusammen: Im Großen und Ganzen sei die Polarisierung
in Deutschland in diesem Zeitraum nicht gestiegen. (Ähnliche Ergebnisse zeigen sich übrigens für Österreich, hier
allerdings auf Basis von Umfragedaten aus 2023.)

Beim Thema Verteilungsgerechtigkeit sei der Grad
der Polarisierung insgesamt besonders gering, da wün-

schen sich fast alle Deutschen mehr Umverteilung. Und in Österreich können 74 Prozent der Befragten dem Satz *„Die Regierung sollte Maßnahmen ergreifen, um Einkommensunterschiede zu verringern"* zustimmen.

Thema Klimawandel: Auch hier sei die Zustimmung zu *„Ich fühle mich für die Reduktion des Klimawandels verantwortlich"* mit fast zwei Dritteln überraschend deutlich.

Bei dem in der öffentlichen Debatte als besonders heikel geltenden Thema Diversität und Identitätspolitik, wenn es also um die Akzeptanz verschiedener sexueller Orientierungen geht, sei die Polarisierung sogar leicht zurückgegangen oder – um es positiv zu formulieren – die Toleranz leicht angestiegen. Neun von zehn sagen, dass *„es Schwulen und Lesben freigestellt sein soll, ihr Leben zu leben, wie sie es wollen".* (2006 waren es 70 Prozent.) Und auch Transfrauen und -männer betreffend liegt der Wert bei 77 Prozent. In grundlegenden Fragen von Geschlecht und Sexualität habe in den vergangenen drei Jahrzehnten eine „stille Revolution" Richtung mehr Liberalität stattgefunden, sagt der Sozialwissenschaftler Lux.

Selbst beim Thema Migration habe sich der Polarisierungsgrad im 30-Jahre-Verlauf weder in Deutschland noch in Österreich insgesamt entscheidend verändert. Im Jahr der großen Flüchtlingswelle und im Folgejahr habe die Zuspitzung zwar zugenommen, sie sei aber dann wieder zurückgegangen. Eklatant gestiegen sei diese Form der Polarisierung bereits zwischen 2002 und 2006. Die Aussage *„Zuwanderer machen Österreich zu einem schlechteren Ort"* bejaht 2002 etwa rund jeder Dritte der Befragten (35 Prozent) und nur vier Jahre später fast jeder

Zweite (!) (47 Prozent). Ein Wert, der allerdings seit 2006 fast gleich hoch geblieben ist. Dass Zuwanderer Österreich zu einem besseren Ort machen, das haben noch 2013 30 Prozent der Befragten so gesehen, nur drei Jahre später, also im Jahr nach der ersten großen Flüchtlingswelle, stürzt dieser Wert auf 24 Prozent ab.

Getriggert

Wir haben schon erwähnt, dass sich die weitgehend konsensuale Lage in Diskussionen über *spaltungsanfällige* Themen sehr rasch ins Gegenteil verkehren kann. Dann – wie es die deutschen Sozialwissenschaftler benannt haben –, wenn Triggerpunkte berührt werden. Um herauszufinden, was dann in den entsprechenden Themengruppen passiert, sind die drei Autoren noch einen Schritt weitergegangen und haben mehr oder weniger provokante Zeitungsartikel verteilt. Hier ein Auszug:

> **Oben – Unten:** *Bei Mietern steigt die Armutsquote.*
> **Innen – Außen:** *Hart, zynisch, herzlos – Die dramatische Situation für Flüchtlinge an den EU-Außengrenzen*
> **Wir – Sie:** *Darf der Staat die Grammatik verändern?*
> **Heute – Morgen:** *Grüne wollen 1000 Euro Zuschuss für Lastenfahrräder.*[72]

Die Autoren fassen das Geschehene so zusammen: *„Es wurde aufgeregter diskutiert, man sprach schneller und vehementer, war immer wieder moralisch empört oder* *machte sich über andere Meinungen lächerlich. Werden Triggerpunkte berührt, so unser Verständnis, überwiegt die affektive gegenüber der kognitiven Komponente von Einstellungen."[73]* Urteile aus dem Bauch kommen immer öfter, schneller und stärker formuliert. Angebliche Triggerwörter waren Gendersternchen, Messerstecher, Transquoten, Luxusyachten und Lastenfahrräder.

Die Soziologen machen in ihrem Buch schließlich vier typische Triggergruppen fest: Ungleichbehandlungen, Normalitätsverstöße, Entgrenzungsbefürchtungen und Verhaltenszumutungen.

Ungleichbehandlungen

Es echauffieren sich vor allem jene, die nicht verstehen wollen, dass heute noch immer keine echte Gleichbehandlung vorherrscht. Es sei völlig inakzeptabel, dass man, nur weil man schwarz oder homosexuell oder weiblich sei, gegenüber anderen diskriminiert werde.

Allerdings kann auch die – wie es die Autoren formulieren – „rhetorische Retourkutsche" greifen. Nur weil man ein Mann, heterosexuell, einheimisch und „normaler" Durchschnittsbürger sei, könne man doch nicht benachteiligt werden. Und man müsse, so die Autoren weiter, bei der gesamten Diskussion bedenken, dass in früheren Jahrhunderten *„die Ungleichwertigkeit der Menschen eine selbstverständliche Grundlage der Sozialordnung bildete und von konservativen, aber auch liberalen Denkern verteidigt wurde"[74]*.

Wer heute als moralisch gefestigt erscheinen will, muss sich zum Ideal der Gleichbehandlung mit Selbstverständlichkeit und eindeutiger Klarheit bekennen. Tut er oder sie es nicht, so tritt die gesellschaftliche Ächtung meist sehr rasch ein. Und in den sozialen Medien ist ab einem bestimmten Bekanntheitsgrad des „Verbal-Rowdys" der Shitstorm eine nahezu zwingende Konsequenz übermütigen oder komplett danebenliegenden Handelns beziehungsweise derartiger Aussagen.

Normalitätsverstöße

Auch heute, im 21. Jahrhundert, haben Menschen eine Vorstellung davon, was in etwa der Normalität entspricht. Denn jede Gesellschaft trägt so etwas wie Normalitätsvorstellungen in sich, eine Art intuitives Gespür dafür, wie man sich in etwa zu benehmen hätte. Und genau hier setze wieder ein Triggerpunkt an, meinen die Autoren des gleichnamigen Buches. Denn wer diese Normalitätserwartung nicht erfülle, verletze diese und werde vom gemeinen Volk mit großer Unbarmherzigkeit geächtet. Menschen, die aus der normalen Reihe tanzen, werden im besten Fall mit auffälligstem Kopfschütteln bedacht, im schlimmsten Fall verletzt. Psychisch und/oder physisch.

Auf jeden Fall wertet man Menschen und Gruppen, deren Verhaltensweisen nicht der intuitiv gefühlten Normalität entsprechen, mit erstaunlicher Unmittelbarkeit ab. Ob Transmenschen, die Schule schwänzende Klima-

demonstrantinnen, junge Migranten, die in tiefer geleg-
ten, getunten früheren Luxuswagen mit 80 km/h durch
die Stadt brausen, zu dicke Menschen, altmodisch Geklei-
dete, Jugendliche aus kriminellen Clans mit ausländischen
Wurzeln, aber auch Besucherinnen und Besucher des
Wiener Opernballs oder die Gegendemonstrantinnen und
-demonstranten in ihren „abgefuckten" Gewändern und
„Fetzen", wie sich eine Ballbesucherin über diese mokieren
kann.

Bedacht werden die aus Sicht der Kritiker außerhalb
des „Normalitätsbogens" stehenden Menschen mit aller-
lei Verbalinjurien. In den vergangenen Jahren hörte man
immer wieder *„Du Missgeburt", „Du Geringverdiener"* oder
„Du NPC" (non-playable character), ein Begriff, der eigentlich dem Gaming entstammt, gemeint sind Personen, die
an einem Geschehen nur passiv teilnehmen und *„offenbar
unkritisch Meinungen oder Ansichten anderer übernehmen,
ohne eigenständig zu denken oder sich mit anderen Sichtweisen auseinanderzusetzen"*[75]. Normalos eben, langweilig, un-
auffällige Berufe ausübend, stinknormale Durchschnitts-
eltern, die man alles andere als im Freundeskreis oder gar
der Partnerin, dem Partner präsentieren möchte.

Entgrenzungsbefürchtungen

Damit sind grundsätzlich Aussagen gemeint, bei denen
bereits beim Aussprechen derselben klar ist, dass da noch
etwas Schlimmeres kommen könnte. Exemplarisch dafür ist in etwa die Äußerung: *„Sollen doch Schwule und*

Lesben machen, was sie wollen, aber was soll denn jetzt auch noch das Trans- oder ‚Weiß nicht, was ich bin‘-Getue." Also Aussprüche jener, die sich schon aufgrund bestehender aktueller Entwicklungen „getriggert" fühlen und dann beim kleinsten Tropfen, der noch fällt, das Fass überlaufen sehen: *„Dann gerät doch alles aus dem Ruder." „Das ufert ja immer mehr aus."*

Die Klimakleber eignen sich auch perfekt dazu, um Menschen, die grundsätzlich den Klimawandel (inklusiver einiger Ökomaßnahmen) akzeptieren, bei Straßen-Klebeaktionen an die Decke gehen zu lassen. Weil eben ein Triggerpunkt berührt worden ist. Das Aggressionspotenzial – so ist zu befürchten – scheint da in der Tat „entgrenzt".

Ebenso bei der Quotenregelung. *„Was kommt denn als Nächstes, Quoten für Reinigungskräfte?"*, könnte eine bewusst eingebaute Übertreibung in den Argumenten der grundsätzlich dem Wandel gegenüber offen stehenden Gruppen lauten. Übertreibungen, die das Behauptete erst endbestätigen sollen.

Verhaltenszumutungen

Dieser Triggerpunkt ist für mich besonders heikel, denn er betrifft auch die eigene Branche. Die Medien. Vor allem, wenn man für ein öffentlich-rechtliches Medium tätig ist.

„Ich lass mir doch von euch nicht vorschreiben, wie ich zu leben habe."

„Ja, darf man denn überhaupt noch etwas sagen oder ist ohnehin schon alles verboten?" – Von der Süßspeise *„Mohr im Hemd"* oder zum neuerdings umstrittenen *„Toast Hawaii"* über *„Frauenmord"* (statt Femizid) bis zu *„Schwarzfahren", Eskimo"* oder *„Indianer"*... Es wäre als Medienvertreter nicht in Ordnung, Sätze wie *„Was darf man denn heutzutage noch tun und sagen?"* kurzerhand vom Tisch zu wischen und die Debatte mit bedauerlicherweise schon oft aufgeschnappten Bemerkungen wie *„Diese Menschen sind einfach zu einfältig oder gar ‚alt‘, um zu verstehen, worum es geht"* abrupt zu beenden. Denn in der Tat ist es eine tägliche Gratwanderung, Worte, Moderationen, Argumente und Kommentare so zu wählen, dass ihnen einerseits weder die Überheblichkeit und das Erzieherische noch das Triviale oder gar Banale anhaftet.

Zusammenfassend lässt sich also sagen: Ja, Polarisierung in der Gesellschaft ist vorhanden und es ist ein Problem. Offenbar kein so großes, wie es in und nach öffentlichen Diskussionen manchmal zutage tritt. Aber werden in Debatten und auch Gesprächen in kleinerem Kreis bestimmte Wutauslöserzonen, eben „Triggerpunkte", berührt, dann gibt es oft kein Halten mehr. Dann explodiert die Polarisierung, dann ist da nur noch das, was Kernthema dieses Essays ist:

Wenig UND stattdessen das gefährliche Schwarz-Weiß-Denken.

Die Erforschung der Polarisierung – noch in den Kinderschuhen

So richtig angekommen ist das gesellschaftliche Problem der Polarisierung, des Schwarz-Weiß-Denkens, der Entweder-oder-statt-Und-Mentalität in der empirischen Forschung erst in jüngster Zeit. Zu sehr hat sich die Wissenschaft auf die Untersuchung von politischen Haltungen konzentriert. Und das obwohl immer klarer geworden ist, dass eine gesellschaftliche Polarisierung in weiteren Lebensbereichen ein großes demokratiegefährdendes Ausmaß erreichen kann.

Eine vorliegende Studie zur Polarisierung in Deutschland und Europa[76] vergleicht die Stimmung in zehn EU-Ländern: Im Herbst 2022 sind rund etwa 20.000 Personen aus zehn Mitgliedsstaaten zu Themenfeldern befragt worden, die den gesamten Kontinent bewegt haben. Seit 2023 liegt das Ergebnis als 59-seitige Studie des Forschungszentrums „MIDEM" der Technischen Universität Dresden, gefördert durch die Stiftung Mercator, vor. Einige Ergebnisse verblüffen.

So sind befragte Menschen in Italien und Griechenland am stärksten polarisiert, in den Niederlanden und Tschechien am wenigsten. Am stärksten ist die Polarisierung bei den Themen „Klimawandel" und „Zuwanderung": Personen mit ähnlichen Ansichten steht man sehr *„wohlgesonnen und positiv"* gegenüber, aber schlimm wird es dann, wenn diese Menschen auf Gesprächspartner treffen, die abweichenden Meinungen anhängen. Dann kühlt das Gesprächsklima sehr rasch ab.

Bei den Themen „Gleichstellung von Frauen in der Gesellschaft" und „Sozialleistungen und ihre Finanzierung" tritt die Polarisierung am schwächsten zutage.

Laut der Studie sind ältere Menschen, höher Gebildete (!) mit hohem Einkommen sowie Bewohnerinnen und Bewohner von Großstädten ganz besonders anfällig für Reaktionen, die in weiterer Folge zu echten Spaltungstendenzen führen. Das überrascht nun doch. Geraunzt (österreichisch), also gejammert, aber eben bis zur Wut, wird also nicht nur von „unten" nach „oben", also aus sozial ärmeren Schichten Richtung „Elite", sondern immer mehr auch in der oberen Mittelschicht bis hin zu den Gutverdienern.

Zudem gehe die impulsartige Polarisierung stärker von links als von rechts aus. Auch dieses Studienergebnis überrascht auf den ersten Blick. Offenbar stimmt der Eindruck breiter Gesellschaftsschichten, dass man links der Mitte den Toleranzbereich in den vergangenen Jahren verkleinert hat. Was früher gerade noch akzeptiert worden ist, ist heute verpönt. Wer etwa als Mann nicht „gendert", ist sehr schnell in der Rolle des „alten weißen Mannes", der einfach nicht begreifen will, dass sich die Zeiten geändert haben.

In der MIDEM-Mercator-Studie heißt es dazu wörtlich: *„Wer sich politisch als ‚links' beschreibt, ist im Schnitt deutlich stärker polarisiert als Menschen, die sich eher ‚rechts' verorten. Außerdem erweisen sich die Wählerinnen und Wähler von linken bis linksextremen sowie grünen und ökologischen Parteien europaweit signifikant stärker polarisiert als andere. Am geringsten fällt die Ablehnung* *abweichender Meinungen hingegen bei Nichtwählenden sowie bei der Wählerschaft christdemokratischer oder konservativer Parteien aus. Menschen mit progressiven Positionen (sind) stärker polarisiert als Konservative: Ein hohes Maß an affektiver Polarisierung findet sich oft bei Personen, die zu einzelnen Themen sehr klare Positionen beziehen. Wer dabei eher progressive, auf politische Veränderung abzielende Positionen vertritt, tendiert im Schnitt deutlich stärker dazu, ähnliche Positionen sehr positiv, abweichende hingegen sehr negativ zu bewerten. Personen hingegen, die eher konservative Ansichten teilen oder sich in der politischen Mitte verorten, zeigen sich weniger stark polarisiert."[77]*

Ähnlich wie es die Autoren von „Triggerpunkte" gemacht haben, werden die Themen mit den drei größten Spaltungstendenzen verordnet:

- Zuwanderung
- COVID-19-Pandemie
- Sozialleistungen und ihre Finanzierung.

Zuwanderung

Eine deutliche Mehrheit der Befragten fordert europaweit weniger „Zuzugsmöglichkeiten für Ausländer". Am deutlichsten fällt diese Ansicht in Tschechien, Schweden und den Niederlanden aus. In Spanien herrscht sogar ein Gegentrend. Ein hoher Anteil der Befragten kann sich eine Erleichterung von Zuzugsmöglichkeiten vorstellen – und das, obwohl auch Spanien für Asylwerbende Zielland ist, natürlich bei Weitem nicht in dem Ausmaß, wie es Italien und Griechenland geworden sind.

Besonders stark ist beim Thema „Zuwanderung" die sogenannte affektive Polarisierung, also eine Polarisierung, die zu starken Gefühlsreaktionen, zu einem regelrecht impulsiven Verhalten führt. Und hier sind es Befragte rechts der Mitte, die überhaupt kein Verständnis für abweichende Meinungen haben. Da hört man oft: *„Wer nicht meiner Meinung ist, den lehne ich ab, und Menschen wie diese regen mich furchtbar auf."* Oder: *„Wer nicht für mich ist, ist gegen mich."* Zur fehlenden Impulskontrolle ist es wohl manchmal kein weiter Weg mehr. Manchmal sind besonders Erzürnte sogar nur noch einen Schritt von einer sehr gefährlichen Situation entfernt, welche bei Demonstrationen für oder gegen rechts, für oder gegen tolerante Asylpolitik oder 2020 bis 2023 bei Kundgebungen und Protestmärschen gegen strenge Coronamaßnahmen zum Alltag gehörten und gehören.

Die „affektive Polarisierung" ist bzgl. der Zuwanderung in Italien am höchsten und in Polen am geringsten ausgeprägt. Europaweit, auch das zeigt die Studie, enthält die Zuwanderungsdebatte das größte gesellschaftliche Spaltungspotenzial. Überraschend dabei ist: Die Polarisierung ist nicht, wie man meinen könnte, zwischen rechts und links in größter Distanz zueinander, sondern *„rechte und rechtsextreme Parteien weisen das höchste, die Anhänger christdemokratischer und konservativer Parteien das geringste Ausmaß an Polarisierung auf"*[78].

Ukrainekrieg

Der Krieg in der Ukraine polarisiert mit zunehmender Dauer. Je mehr Geld aus europäischen Hauptstädten nach Kiew fließt, ob als monetäre Mittel oder als Waffen, das wird teilweise nicht unterschieden, desto härter prallen die Ansichten aufeinander. *„Nein zur Dauerhilfe. Diese immer größeren Summen ruinieren unsere eigene Wirtschaft, wir müssen das irgendwann stoppen"* versus *„Ja zur Fortsetzung der Unterstützungszahlungen: Wir werden die Ukraine nie im Stich lassen"*. Am prozentuell stärksten ist das Nein-Lager in Tschechien, Ungarn und Griechenland. In Tschechien ist bei diesem Thema die affektive Polarisierung am größten, sowohl das Ja- als auch das Nein-Lager wühlt der Krieg in der Ukraine emotional teils enorm stark auf. Am wenigsten tut es das in Spanien, Frankreich und den Niederlanden. Sieht man sich die politischen Einstellungen der Befragten an, überraschen die Ergebnisse zu weiteren Zahlungen an die Ukraine kaum: Am feindlichsten stehen sich rechts/rechtsextrem und liberal/grün/ökologisch denkend gegenüber.

COVID-19-Pandemie

Offenbar auch im ersten Jahr nach der COVID-19-Pandemie ist dieses Thema enorm stark vom Schwarz-Weiß-Denken geprägt. Das deckt sich mit eigenen Wahrnehmungen in der langjährigen politischen

Berichterstattung. Nach Regionalwahlen in Österreich zeigten sich 2023 Bundespolitikerinnen und Bundespolitiker teils fassungslos. Der Einbruch der Regierungsparteien in der Landespolitik von bis zu mehr als 10 Prozent gegenüber Wahlen fünf Jahre zuvor war von viel mehr Menschen mit den Coronamaßnahmen in der Pandemiezeit begründet worden, als die Regierenden angenommen hatten. Etwas, das die Rechten in Österreich (FPÖ) sehr wohl erwartet hatten, vielleicht nicht in diesem Ausmaß, jedenfalls konnten sie bei allen Landeswahlen fallweise enorm stark zulegen.

Insgesamt sieht die MIDEM-Mercator-Studie für ganz Europa Ende 2022 noch eine relative Mehrheit, die *„Eingriffen in die Freiheit des Einzelnen"* grundsätzlich skeptisch gegenübersteht. In Griechenland, Ungarn und Frankreich werden die Maßnahmen auch nach dem Ende der Pandemie am kritischsten gesehen. Besonders stark ist die affektive Polarisierung bei diesem Thema in Italien und Griechenland. Und – glaubt man den Untersuchungsergebnissen – ist die relative Gelassenheit beim spanischen und beim niederländischen Volk groß. Noch viel größer scheint die „Es-ist-so-wie-es-ist"-Haltung in Schweden. Nirgendwo werden Freiheitseinschränkungen so hingenommen wie im nordischen Land. Allerdings – man erinnert sich – war der schwedische Coronaweg ohnehin jener, der von deutlich weniger Einschränkungen des öffentlichen Lebens geprägt war als in anderen EU-Ländern.

Klimawandel

Beim Kampf gegen eine mögliche Klimakatastrophe ist die Lage umgekehrt. In der Studie heißt es: *„Beim Thema ‚Klimawandel' tendiert europaweit eine Mehrheit zur Auffassung, dass die politischen Maßnahmen zur Bekämpfung des Klimawandels ‚noch lange nicht weit genug' gehen. Insbesondere Befragte aus Italien, Spanien und Griechenland sprechen sich für weitere Klimaschutzmaßnahmen aus. Die Ansicht, dass die bisherigen Maßnahmen zur Bekämpfung des Klimawandels ‚schon viel zu weit' gehen, ist in den Niederlanden, in Schweden und in Tschechien am stärksten verbreitet."*[79]

Die mit teils heftigen Emotionen verbundene (affektive) Polarisierung ist beim Thema Klimawandel ähnlich hoch wie bei der Zuwanderungsthematik. Am stärksten in Italien und in Spanien. In Tschechien hingegen regt das Thema Ökologie laut Studie die relativ gesehen wenigsten auf. Intoleranz gegenüber der von ihrer eigenen Einstellung abweichenden Meinung herrscht am ausgeprägtesten bei Linksdenkenden, linksextrem Verorteten sowie Wählerinnen und Wählern im grünen, ökologisch geprägten Parteienspektrum vor. Allerdings ist die Gefahr einer Spaltung der gesamten Gesellschaft nirgendwo so hoch wie bei den Themen Zuwanderung und Pandemiebekämpfung. *„Trotz einer ausgeprägten Polarisierungswirkung des Themas ‚Klimawandel' wird hier die Gefahr einer ‚Spaltung der Gesellschaft' als vergleichsweise gering eingeschätzt."*[80]

Sozialleistungen und ihre Finanzierung

Interessant sind die Polarisierungstendenzen im gesamten sozialen Bereich. Eine relative Mehrheit der Befragten will weniger Steuern und Abgaben zahlen, auch wenn das bedeute, dass sich der Staat dann mit sozialen Ausgleichszahlungen werde zurückhalten müssen, die Sozialquote also schrumpfen werde. Besonders stark ist diese Haltung in Frankreich und Polen. Spanier und Schweden hingehen wollen einen noch größeren Sozialstaat.

Dieses Thema birgt wieder ein stärkeres Spaltungspotenzial, was aber nur wenige überraschen dürfte. Die Armen und die untere Mittelschicht gegen die obere Mittelschicht und die Reichen oder Superreichen – das war schon immer so. Seit es den Kapitalismus gibt.

Zur Polarisierung mit impulsiven Ausbrüchen eignet sich das „Soziale" offenbar nicht – oder noch nicht. Denken wir an Massenstreiks oder an die Gelbwesten-Demonstrationen in Frankreich, wird einem klar, wie schnell sich Sozialkonflikte sehr wohl emotionalisieren können. In Weltwirtschaftskrisen ohnehin.

Auch interessant: „Befragte *aus höheren Einkommensgruppen sind beim Thema ‚Sozialleistungen' stärker polarisiert als jene mit niedrigem Einkommen. Personen, die für mehr sozialstaatliche Leistungen plädieren, sind tendenziell stärker polarisiert als jene, die weniger Steuern präferieren.*"[81]

Reiche erzürnt eine Debatte über mehr Sozialleistungen also deutlich mehr als eher ärmere Menschen. Vermutlich dringt hier das alte Leistungsprinzip durch: Nur wer mehr leistet, soll auch mehr Geld bekommen. Wo wir bei der über Jahrzehnte bekannten, immer wieder zynisch anmutenden Sozialschmarotzerdebatte angelangt sind.

Umgekehrt gehen die Emotionen bei den Befürwortern von Sozialleistungen deutlich höher als bei jenen, die niedrigere Steuern fordern.

Und dann kommt es bei diesem Thema zu einem Phänomen, das zwar nicht unbekannt ist, das aber, wenn es empirisch „bewiesen" ist, doch immer wieder erstaunt. Der Gleichklang von ganz links und ganz rechts. *„Sowohl die Wählerschaft sozialdemokratischer, linker und linksextremer Parteien als auch die Unterstützer rechter und rechtsextremer Parteien weisen beim Thema ‚Sozialleistungen' überdurchschnittlich hohe Polarisierungswerte auf."*[82]

Die Mehrheit in Europa gibt an, dass die bisherigen Gleichstellungsmaßnahmen *„noch nicht weit genug"* gehen würden. Besonders stark ist diese Ansicht in den südeuropäischen Ländern vertreten.

Dieses Thema polarisiert nicht so stark wie andere untersuchte Bereiche. Auch die Gefahr einer gesamtgesellschaftlichen Spaltung sei gering. Wenn es zu einer affektiven Polarisierung komme, dann mehr bei Frauen als bei Männern und stärker auch bei Personen, die linken, grünen und ökologischen Parteien zuneigen.

Sexuelle Minderheiten

In Polen, Ungarn und Tschechien lehnt eine Mehrheit Maßnahmen gegen Diskriminierung ab, während sich gesamteuropäisch eine Mehrheit für zusätzliche

Bestimmungen aus der Politik gegen Diskriminierung ausspricht. Ein Schwarz-Weiß-Denken liegt bei diesem Thema vor allem in Italien, Griechenland und Spanien vor, also in den südeuropäischen Ländern, die einen plädieren für weitere Maßnahmen, die anderen dagegen.

Affektiv polarisiert zeigen sich vor allem Wählerinnen und Wähler im linken und grünen Meinungsspektrum. Allerdings fällt es schwer zu glauben, dass die Ablehnung von Antidiskriminierungsmaßnahmen im rechten Meinungsspektrum weniger emotional ausfällt, wenn Personen aus dieser Wählergruppe auf Menschen aus dem Befürwortungslager treffen. Aber darum geht es bei Studien wie diesen auch nicht. Es geht um Prioritäten.

Den Menschen rechts der Meinungsmitte sind einfach Themen wie Zuwanderung und Freiheitseinschränkungen (COVID 19) „affektiv" gesehen wichtiger als Klimaschutz und sexuelle Minderheiten. Bei Menschen links der Meinungsmitte ist es umgekehrt. Die einen regen sich über Ausländer und Lockdowns auf, die anderen über den Klimawandel und Maßnahmen gegen Diskriminierung im Bereich Sexualität.

Ja, eine extreme Vereinfachung – und es klingt auch sehr banal und unwissenschaftlich. Aber wenn all diese Studien, Analysen, gruppendynamischen Experimente, Befragungen und Gegenüberstellungen, die die jüngere Forschung zum Thema Polarisierung, Schwarz-Weiß-Denken und verschwindende Grautöne in der Gesellschaft auch nur in weiten Teilen seriös durchgeführt worden sind, und davon müssen wir hier ausgehen,

dann ist es einfach so. Wie es einfach ist.

5

DER EIGENE VERSTAND
ODER DER VERSUCH
EINES RESÜMEES

Eine der beliebtesten Freizeitbeschäftigungen von Gesellschaften ist das Verantwortungsdelegationsspiel. Verantwortlich oder gar schuld an Missständen, Versäumnissen und Unwägbarkeiten und Problemen aller Art ist eine Person auf keinen Fall und nie: Ich.

Wo kämen wir denn da hin?

Zugegeben, auch in diesem Essay ist der Autor selbst ab und zu als Mitspieler in das Verantwortungsdelegationsspiel eingestiegen. In Richtung Politik. Aber es musste sein. Die Bildungspolitik hängt der Zeit mehr oder weniger hinterher. Vor allem Bereichssprecher aus den jeweils aktuellen Oppositionsparteien haben Bildungssysteme immer wieder zum Hauptangriffspunkt ausgewählt.

So fordern etwa im Juni 2024 die Liberalen in Österreich einen neuen verpflichtenden Unterrichtsgegenstand: „Leben in einer Demokratie"[83]. Eben war eine Studie veröffentlicht worden, wonach in den öffentlichen Schulen der Bundeshauptstadt Wien Schülerinnen und Schüler mit muslimischem Glauben die Mehrheit stellen. Mit konkret 35 Prozent, Tendenz steigend. Die zweitgrößte Gruppe bilden „Schüler ohne Religionsbekenntnis". Und katholisch? Nur noch zwanzig Prozent. *„In unserer österreichischen Demokratie herrscht Religionsfreiheit. Das ist gut und richtig – auch wenn wir feststellen müssen: Immer öfter trennt Religion die Menschen, auch bei uns"*[84], begründen die Liberalen ihre Forderung nach einem neuen Unterrichtsfach.

Und sie schreiben: *„Unser Glaube heißt Demokratie."*[85] Als geeinte Gesellschaft brauche man einen Glauben, der verbinde und wehrhaft mache. Interessante Formulierungen von einer gesellschaftspolitisch liberalen Partei, aber man will – so wie sich darum auch Mitte, Mitte-Rechtsparteien und auch die Sozialdemokraten bemühen – den Rechten nicht mehr allein das Migrationsfeld überlassen. Dass die Demokratie als „Glaube" bezeichnet wird, konkret als Glaube gegen autoritäre Systeme, Beschneidung persönlicher Freiheiten, Medienkontrolle und Vielfalt, bleibt natürlich nicht unwidersprochen. So wie bei nahezu allen Themen der Polarisierung, des Entweder-oder-statt-Und-Denkens funktioniert in der heutigen Gesellschaft ein anderes „Spiel" immer und immer wieder: das Empörungsspiel.

Ansage von links oder unten oder von wo auch immer. Aufschrei von rechts oder oben oder von wo auch immer. Und umgekehrt.

So gesehen ist es eine berechenbare Welt geworden. Aber eben nur in den Medien. Was in den Köpfen der Protagonistinnen und Protagonisten vorgeht, vor allem in denen gefährlicher Staatenlenker, bleibt unzugänglich.

Aufschrei also gegen das Unterrichtsfach „Leben in einer Demokratie". Etwa aus der Evangelisch(!)-Theologischen Fakultät der Universität Wien. *„Religion kann Menschen zusammenführen, aber auch trennen. Die Neos richten den Blick vor allem auf die Menschen trennende und gewalt-affine Seite von Religion, wobei offenkundig der Islam im Fokus steht. (…) Wer Religion aus dem Schulunterricht grundsätzlich verbannen möchte, unterbindet nicht ihre bisweilen destruktiven Kräfte, sondern drängt sie ins sub-kulturelle Milieu und in geschlossene Gruppierungen ab, die ein Nährboden für Fundamentalismen aller Art sind und Tendenzen der Selbstabschottung und Polarisierung eher noch bestärken."*[86]

Ob das in Österreich ab der 9. Schulstufe ohne-hin schon seit 2021/22 verpflichtende Unterrichtsfach „Ethik" den Schülerinnen und Schülern das *Leben ler-nen* erleichtert hat, kann heute noch nicht empirisch festgestellt werden. Aber es war klarerweise den Versuch wert, diesen langjährigen (Schul-)Versuch in den Regel-betrieb überzuführen. Ein damals neues Angebot für Lernende, die keinem religiösen Bekenntnis angehören oder sich vom Religionsunterricht abmelden wollen. Der Ethikunterricht ist den grundlegenden Menschen- und Freiheitsrechten verpflichtet, heißt es im österrei-chischen Schulorganisationsgesetz für die sogenannte Sekundarstufe II.

„Er zielt auf selbständiges begründetes Argumentieren und Reflektieren in Fragen der Ethik und Moral ab und soll Schülerinnen und Schüler zu gelingender Lebensge-staltung befähigen, ihnen Orientierungshilfen geben und

*sie zur fundierten Auseinandersetzung mit den Grund-
fragen des Lebens anleiten. In der Auseinandersetzung
mit unterschiedlichen philosophischen, weltanschaulichen,
kulturellen und religiösen Traditionen und Menschenbil-
dern soll der Ethikunterricht einen Beitrag zur individuellen Persönlichkeitsentwicklung leisten. Hierbei soll die Bereitschaft gestärkt werden, Verantwortung für das eigene
Leben und das Zusammenleben mit anderen in sozialen,
ökologischen, ökonomischen, politischen und kulturellen
Verhältnissen zu übernehmen. Der Ethikunterricht be-
stärkt die Schülerinnen und Schüler, eigene Krisenerfah-
rungen aufzugreifen und sich im autonomen Handeln als
selbstwirksam zu erfahren."*[87]

Der Ethikunterricht ist auch in deutschen Lehrplä-
nen fest verankert. Die Varianten sind von Bundesland
zu Bundesland verschieden, entweder als Ersatzfach für
Schülerinnen und Schüler, die nicht am Religionsunterricht teilnehmen wollen, als Wahlpflichtfach oder als or-
dentliches Lehrfach. Im Unterschied zum konfessionell
gebundenen Religionsunterricht ist das Ziel des Ethik-
unterrichts die religiös-weltanschauliche Neutralität.

In der Schweiz reichen die Wurzeln des Unterrichts-
faches *Ethik, Religionen, Gemeinschaft (ERG)* bis ins 19.
Jahrhundert zurück. *Bibel- und Lebenskunde* hatte es in
manchen Kantonen geheißen. Heute findet man das
Schulfach unter dem Namen

- *Natur, Mensch, Mitwelt* oder
- *Ethik* und *Religionen* oder
- *Religion und Kultur,*

wieder verschieden von Kanton zu Kanton.

Und wenn alles nichts nützt …?

Wenn sich letztlich herausstellt, dass Ethik, Moral, Empathie und Mitmenschlichkeit nicht gelehrt werden *können*? Weil uns ja ohnehin ein Instrument zur Verfügung stehen sollte, das uns innewohnt … eine Richtschnur für und unser ganzes Leben hindurch?

Unser Gewissen.

Woher immer es auch kommt. Ob tradiert oder gottgegeben. Oder beides.

Und wäre da nicht noch etwas? Und würde es nicht geradezu seltsam anmuten, ihn *nicht* zu erwähnen – im großen Gedenkjahr zum 300. Geburtstag?

Unser Verstand. An die Spitze unseres Ichs erhoben von niemand Geringerem als Immanuel Kant, geboren im April 1724.

Sich bei Handlungen, bei denen man spürt, ja weiß, auf der falschen Seite zu stehen, hilft es nichts, sich auf die „Pflicht" auszureden. Für Kant gilt moralische Autonomie und die Übernahme der Verantwortung durch sich selbst, die Schuldzuweisung an irgendeine andere Instanz soll dadurch immer verhindert werden. *Was soll ich tun, ich weiß, dass ich mit meiner Handlung einem anderen Menschen Schaden zufüge, aber es ist eben meine Pflicht.* Sätze wie diese sind für Kant nichts mehr als eine Ausrede. Worte wie diese gelten nicht. Sie gelten nie.

Nicht die Erfüllung der Pflicht ist es, um die es bei Immanuel Kant geht, sondern um jene Pflicht, die ich für mich zuvor bestimmen muss.

Wenn schon ich im Zweifel bin, was zu tun ist, wie

sollen dann ganze Gesellschaften, ja Nationen, dazu in der Lage sein, mit Grautönen umzugehen?

Aktuell ist wohl der Nahe Osten eines der extremsten Beispiele für einen Konfliktraum ohne Grautöne. Jede und jeder, die oder der auch nur versucht, einen noch so schmalen Grenzstreifen zwischen Schwarz und Weiß einzurichten, gilt auf der eigenen Seite als Verräter und auf der anderen als unglaubwürdig.

Müssen wir uns an eine Welt ohne Grautöne gewöhnen? Lässt uns die seit den 1980er-Jahren immer wirkmächtigere Welt der Personal Computer ohnehin schon lange Zeit immer mehr so denken wie sie selbst?

BINÄR?

Null – eins – null – eins – und sonst nichts? Beweisbar – nicht beweisbar?

Oder dreht sich doch alles in Richtung graue Mitte, Unschärfe und Vieldeutigkeit?

In den 1980er-Jahren haben einige sogenannte Zukunftsforscher das Ende des vielschichtigen Denkens prophezeit. Das Rationale im Menschen werde früher oder später binär ablaufen und die Gesellschaft schrittweise zersetzen. Hoffen wir, dass es vielleicht nicht ganz so schlimm wird.

Ebenso wenig wie damals im 19. Jahrhundert die Fahrt in den ersten Dampflokomotiven mit 30 Kilometern pro Stunde die Gehirne der Menschen doch nicht erweicht hat. Es war eine reale Befürchtung, die auch

Peter Rosegger in seinen Erlebnissen mit und in der Eisenbahn am Semmering anklingen lässt: *„Auf der eisernen Straße heran kam ein kohlschwarzes Wesen. Es schien anfangs stillzustehen, wurde aber immer größer und nahte mit mächtigem Schnauben und Pfustern und stieß aus dem Rachen gewaltigen Dampf aus."*[88] Und: *„Schrecklich schnell ging's, und ein solches Brausen war, daß einem der Verstand stillstand. Das bringt kein Herrgott mehr zum Stehen!"*[89]

Als George Stephenson, der Erfinder der Dampflokomotive, 1825 die erste Eisenbahnstrecke (zwischen Manchester und Liverpool) beantragte, hatte das britische Parlament ein Gutachten erstellen lassen, woraufhin die Pariser „Académie des sciences" die Reisenden vor einer Gehirnerkrankung, der sogenannten „Delirium furiosum", gewarnt hatte. Eine Quelle für diese schriftliche Warnung ist zwar nicht auffindbar, aber immerhin hat diese „wissenschaftliche Formulierung" zwei Jahrhunderte überlebt.

Was 24 Stunden am Smartphone mit uns machen, darüber mögen sich Autoren im 22. Jahrhundert den (dann doch binären?) Kopf zerbrechen.

Hat am Ende vielleicht Umberto Eco recht, wenn er meint, dass es wirkliche Weisheit ist zu begreifen, dass man nicht weiß, ob etwas schwarz oder weiß ist? Halb voll, halb leer. Die ewige Frage. Und klassisches Schwarz-Weiß-Denken.

Ist das Glas halb voll, halb leer oder ganz voll?

Optimist: „Das Glas ist halb voll."
Pessimist: „Das Glas ist halb leer."
Ingenieur: „Das Glas ist doppelt so groß,
wie es sein müsste."
Realist: „Das Glas ist voll – je halb
mit Wasser und Luft."
Idealist: „Es gibt bestimmt noch mehr für alle."
Opportunist: „Hauptsache, ich hab
genug zu trinken."
Kapitalist: „Das Glas ist mir egal,
wo ist die Flasche???"
Kommunist: „Das Wasser im Glas gehört allen!"
Sexist: „Das Glas füllt sich nicht von allein, Babe!"
Nihilist: „Das Glas existiert nur als Grafik!"[90]

Finden Sie sich selbst.

Wobei der Einstellung des Nihilisten schon einiges abzugewinnen ist.

Was natürlich nicht ernst gemeint ist.

Vermutlich geht es immer um wirkliche Weisheit, im Sinne Umberto Ecos. Oder um jene von Winston Churchill?

„Premierminister Winston Churchill sah bei einer Party für Würdenträger einen Gast, der sich einen silbernen Salzstreuer in die Tasche steckte. Er war in einer Zwickmühle: Er wollte den Dieb nicht davonkommen lassen, aber auch keine Szene machen. Also nahm er – und das ist brillant – den silbernen Pfefferstreuer, steckte sich ihn in die Tasche, ging zu dem Dieb, nahm den Pfefferstreuer aus der Tasche, stellte ihn auf den Tisch und flüsterte in das Ohr des Diebs: ‚Ich fürchte sie haben uns gesehen, wir sollten die Dinger zurückstellen.'"[91]

Was ist nun das Besondere an dieser Geschichte, mögen Sie sich fragen. Vielleicht jener Umstand, dass sich der Staatsmann auf eine Ebene mit dem Dieb gestellt hat. In einem Interview erklärt es Kevin Dutton so: *„Das ist deshalb so großartig, weil er keine Grenze zwischen sich und dem Dieb zog. Er ging nicht rüber und schrie ‚Du diebischer Bastard!'. Ja, er zog eine Linie, aber zwischen sich und dem Dieb auf der einen und dem Rest auf der anderen Seite. Churchill hat eine profunde Wahrheit erkannt: Es ist einfacher, jemanden von innen zu überzeugen als von außen. Diese Geschichte sollten alle studieren, die sich um die Polarisierung in der Gesellschaft sorgen. (…) Wir müssen Grenzen ziehen, aber es kommt darauf an, wo wir die Grenzen ziehen."*[92]

In der Hoffnung, das Zonendickicht zwischen Schwarz und Weiß mit diesem Essay – unter Zugabe von ein paar Tupfen Farbe mitten ins Grau(en) hinein – ein ganz klein wenig aufgeklärt zu haben, wollen wir mit einem Zitat des Meisters selbst enden. Auf die Frage des Berliner Pfarrers Johann Friedrich Zöllner, „Was ist Aufklärung?", antwortet Immanuel Kant im Jahr 1783:

„AUFKLÄRUNG ist der Ausgang des Menschen aus seiner selbstverschuldeten Unmündigkeit. Unmündigkeit ist das Unvermögen, sich seines Verstandes ohne Leitung eines anderen zu bedienen. Selbstverschuldet ist diese Unmündigkeit, wenn die Ursache derselben nicht am Mangel des Verstandes, sondern der Entschließung und des Mutes liegt, sich seiner ohne Leitung eines andern zu bedienen. Sapere aude! Habe Mut, dich deines eigenen Verstandes zu bedienen! ist also der Wahlspruch der Aufklärung. Faulheit und Feigheit sind die Ursachen, warum ein so großer Teil der Menschen, nachdem sie die Natur längst von fremder Leitung freigesprochen (naturaliter maiorennes), dennoch gerne zeitlebens unmündig bleiben; und warum es anderen so leicht wird, sich zu deren Vormündern aufzuwerfen."[93]

Endnoten (Online verfügbare Artikel zuletzt abgerufen am 04.06.2024.)

1   **Hans-Joachim Schlichting:** Morbide Schönheit. 5. November 2022. Online abrufbar unter: https://hjschlichting.wordpress.com/2022/11/05/morbide-schonheit/

2   **Hans-Joachim Schlichting:** Die Schönheit eines verfallenden Baums. 19. Mai 2021. Online abrufbar unter: https://hjschlichting.wordpress.com/2021/05/19/die-schonheit-eines-verfallenden-baums/

3   **Hans-Joachim Schlichting:** Spaltpilze. 7. Oktober 2022. Online abrufbar unter: https://hjschlichting.wordpress.com/2022/10/07/spaltpilze/

4   **Kevin Dutton** in einem Interview mit dem Magazin GQ, von Christoph Eisenschink, 19. Mai 2021. Online abrufbar unter: https://www.gq-magazin.de/lifestyle/artikel/psychologe-kevin-dutton-im-gq-interview-warum-wir-schwarz-weiss-denken-und-was-wir-dagegen-tun-konnen

5   **Kevin Dutton:** ebd.

6   **Charles Taylor:** Der Ort der Religion. In: Die Furche. 24. August 2000. Online abrufbar unter: https://www.furche.at/gesellschaft/charles-taylor-der-ort-der-religion-1305293

7   **Gerhard Zeillinger:** Autorität einst und heute: „Das werde ich dem Papa sagen". In: Die Presse. Spectrum. 01.03.2024. Online abrufbar unter: https://www.diepresse.com/18232518/autoritaet-einst-und-heute-das-werde-ich-dem-papa-sagen

8   **Gerhard Zeillinger:** ebd.

9   **Svenja Flaßpöhler:** Hier die Guten, da die Bösen. In: Philosophie Magazin 3/2024, Seite 44.

10 **Carl Schmitt:** Der Begriff des Politischen. München: Duncker & Humblot 1932, Seite 54.

11 **Carl Schmitt:** Der Begriff des Politischen. München: Duncker & Humblot 1932, Seite 32.

12 **Fabian Bernhardt:** Meine Toleranzgenze. In: Philosophie Magazin 3/2024, S. 46.

13 **Chantal Mouffe:** Konsens ist das Ende der Politik. In: Philosophie Magazin, im Interview mit Nils Markwardt, veröffentlicht am 15. August 2015, Heft Nr. 23 Aug./Sep. 2015, Seite 68 ff.

14 **Chantal Mouffe:** ebd., Seite 70. Online abrufbar unter: https://kiosk.philomag.de/de/profiles/42d354f6c903-philosophie-magazin/editions/nr-5-2015/pages/page/36

15 **Chantal Mouffe:** ebd., Seite 72. Online abrufbar unter: https://kiosk.philomag.de/de/profiles/42d354f6c903-philosophie-magazin/editions/nr-5-2015/pages/page/36

16 **Chantal Mouffe:** ebd., Seite 72. Online abrufbar unter: https://kiosk.philomag.de/de/profiles/42d354f6c903-philosophie-magazin/editions/nr-5-2015/pages/page/36

17 **Chantal Mouffe:** ebd., Seite 72. Online abrufbar unter: https://kiosk.philomag.de/de/profiles/42d354f6c903-philosophie-magazin/editions/nr-5-2015/pages/page/36

18 **Bürger Hans, Kurt W. Rothschild:** Wie Wirtschaft die Welt bewegt, Wien: Braumüller 2009, S. 182.

19 **Jörg Scheller** am 11. Juni 2022 auf X. Online abrufbar unter: https://x.com/joergscheller1/status/1535596910983233539

20 **Beat Grossrieder:** Der Kreuz-und-quer-Denker. In: NZZ. 04.09.2016. Online abrufbar unter: https://www.nzz.ch/gesellschaft/aktuelle-themen/besondere-kennzeichen-der-kreuz-und-quer-denker-ld.114679

21 **Fabian Bernhardt:** Meine Toleranzgrenze. Fünf Menschen erzählen. In: Philosophie Magazin. 08.03.2024. Online abrufbar unter: https://www.philomag.de/artikel/meine-toleranzgrenze

22 **Meike Feßmann:** Leben in der Grauzone. In: Deutschlandfunk Kultur. 24.06.2022. Online abrufbar unter: https://www.deutschlandfunkkultur.de/wer-noch-kein-grau-gedacht-hat-peter-sloterdijk-100.html

23 **Karlheinz Pichler:** Ein „Nichts", das für Farbe sensibilisiert – Die Feldkircher Galerie Feurstein thematisiert „Farbiges Grau". 08.11.2016. Online abrufbar unter: https://www.kulturzeitschrift.at/kritiken/ausstellung/ein-nichts-das-fuer-farbe-sensibilisiert-die-feldkircher-galerie-feurstein-thematisiert-farbiges-grau

24 **Vgl. Peter Sloterdijk:** Wer noch kein Grau gedacht hat. Berlin: Suhrkamp 2022, Seite 10.

25 **Vgl. ebd.,** Seite 10.

26 **Karlheinz Pichler:** Ein „Nichts", das für Farbe sensibilisiert – Die Feldkircher Galerie Feurstein thematisiert „Farbiges Grau". 08.11.2016. Online abrufbar unter: https://www.kulturzeitschrift.at/kritiken/ausstellung/ein-nichts-das-fuer-farbe-sensibilisiert-die-feldkircher-galerie-feurstein-the-matisiert-farbiges-grau

27 **Ludger Schwarte:** „Farbe ist immer anarchisch". In: Philosophie Magazin, im Interview mit Dominik Erhard, veröffentlicht am 18. März 2021. Online abrufbar unter: https://www.philomag.de/artikel/ludger-schwarte-farbe-ist-immer-anarchisch

28 **Zitiert etwa in:** Die Chronik des Ernst-Bloch-Zentrums. Online abrufbar unter: https://www.bloch.de/wer-wir-sind/profil/chronik

29 **Björn Hayer:** Auf der Suche nach der verlorenen Zukunft. In: Frankfurter Rundschau. 30.10.2023. Online abrufbar unter: https://www.fr.de/kultur/gesellschaft/auf-der-suche-nach-der-verlorenen-zukunft-92645670.html

30 **Günter Neuenhofer:** Philosophie am Morgen. Online abrufbar unter: https://www.neuenhofer.de/guenter/philosophie/Philosophie%203.html

31 **Oriel FeldmanHall** in dem Beitrag „Ambiguitätstoleranz. Lernen, mit Mehrdeutigkeit zu leben" von Wolfgang Streitbörger für den Deutschlandfunk Kultur. 30.12.2019. Online abrufbar unter: https://www.deutschlandfunkkultur.de/ambiguitaetstoleranz-lernen-mit-mehrdeutigkeit-zu-leben-100.html

32 **Thomas Bauer:** Die Vereindeutigung der Welt. Über den Verlust an Mehrdeutigkeit und Vielfalt. Ditzingen: Reclam Verlag 2018, Seite 12

33 **Thomas Neuwirth** in der Tageszeitung Kurier. 17.09.2013. Artikel ist nicht mehr online abrufbar.

34 **ebd.**

35 **Astrid von Friesen:** Mangel an Ambiguitätstoleranz. Der fatale Wunsch nach Eindeutigkeit. In: Deutschlandfunk Kultur. 10.10.2019. Online abrufbar unter: https://www.deutschlandfunkkultur.de/mangel-an-ambiguitaetstoleranz-der-fatale-wunsch-nach-100.html

36 **Wolfgang Streitbörger:** Ambiguitätstoleranz. Lernen, mit Mehrdeutigkeit zu leben. In: Deutsch-landradio Kultur. 30.12.2019. Online abrufbar unter: https://www.deutschlandfunkkultur.de/ambiguitaetstoleranz-lernen-mit-mehrdeutigkeit-zu-leben-100.html

37 **Mathias Brandt:** Autoritarismus. Diktatur? Nein Danke! In: statista. 17.07.2023. Online abrufbar unter: https://de.statista.com/infografik/27035/umfrage-zur-akzeptanz-von-starkem-fuehrer-und-diktatur-in-deutschland/

38 **Astrid von Friesen:** Mangel an Ambiguitätstoleranz. Der fatale Wunsch nach Eindeutigkeit. In: Deutschlandfunk Kultur. 10.10.2019. Online abrufbar unter: https://www.deutschlandfunkkultur.de/mangel-an-ambiguitaetstoleranz-der-fatale-wunsch-nach-100.html

39 **Astrid von Friesen:** Ebd.

40 **Lisz Hirn:** Zwischen moderat und radikal: Was Bildung können muss. Aus dem Buch Radikale Uni-versität. Veröffentlicht von De Gruyter 2023. Online abrufbar unter: https://www.degruyter.com/document/doi/10.1515/9783111341675-003/html?lang=de

41 **Bassam Tibi:** Europa ohne Identität? Die Krise der multikulturellen Gesellschaft. München: btb 2000, S. 154.

42 **Bassam Tibi:** Hausregeln gelten für alle. Die Willkommenskultur in Europa ist vorbei, aber die Zahl der Muslime wächst weiterhin. Das kann, muss aber kein Problem sein. In: Neue Zürcher Zeitung, Printausgabe, 6. Juli 2019, S. 21.

43 **Oliver Pink:** Newsletter DIE PRESSE, 29. Mai. 2024.

44 **Baumeister, Vohs, Aaker, Garbinsky:** Some Key Differences between a Happy Life and a Mea-ningful Life. In: The Journal of Positive Psychology, 2013, Vol. 8, S. 505–516.Online abrufbar unter:

https://carlsonschool.umn.edu/sites/carlsonschool.umn.edu/files/2019-04/baumeister_vohs_et_al_
jopp_meaning_hps_online2013_0.pdf

45 **Viktor Frankl:** Der Mensch vor der Frage nach dem Sinn. München: Piper 2009, S. 151.

46 **Zitiert aus meinem Buch Selbstverständlich ist nichts mehr.** Wien. Braumüller 2020, S. 78.

47 **Vgl. Viktor Frankl:** Der Mensch vor der Frage nach dem Sinn. München: Piper 2009, S. 47.

48 **Tomáš Sedláček:** Die Ökonomie von Gut und Böse, München: Hanser 2012, S. 381.

49 **Mehr zu „Medien: Wie man Informationsangst vermeidet?"** online unter: https://www.gralon.
ovh/artikel/nachrichten-und-medien/fernsehen/artikel-medien--wie-man-informationsangst-ver-
meidet-13608.html .

50 **Rolf Dobelli:** Wollen Sie klarer denken? Machen Sie eine News-Diät! In: NZZ. 08.08.2019. Online
abrufbar unter: https://www.nzz.ch/feuilleton/rolf-dobelli-vergessen-sie-die-news-ld.1500106 .

51 **Vgl.: Wilfried Kürschner (Hg.):** Alternative Fakten, Fake News und Verwandtes. Wissenschaft und
Öffentlichkeit. Münster: LIT Verlag 2019, S. 64.

52 **Vgl.: Imre Grimm:** Nazi oder Gutmensch – und nichts dazwischen: Warum das Schwarz-Weiß-Denken zunimmt. In: RedaktionsNetzwerk Deutschland. 28.10.2020. Online abrufbar unter: https://
www.rnd.de/wissen/nazi-oder-gutmensch-und-nichts-dazwischen-warum-das-schwarz-weiss-
denken-zunimmt-5ARQ63PGNVDHDN3B3EPKUNEF5E.html .

53 **Ebd.**

54 **Ebd.**

55 **Ebd.**

56 **Vgl.: Maja-Lina Lauer:** Transhumanismus und Ray Kurzweil: Wenn Mensch und Maschine ver-
schmelzen. In: CHIP. 20.07.2021. Online abrufbar unter: https://praxistipps.chip.de/transhumanismus-
und-ray-kurzweil-wenn-mensch-und-maschine-verschmelzen_134714 .

57 **Katharine Viner:** How technology disrupted the truth. In: Dilip Simeon's blog.12.07.2016. Online
abrufbar unter: https://dilipsimeon.blogspot.com/2016/07/katharine-viner-how-technology.html .

58 **Rafael Capurro:** Zwischen Vertrauen und Angst. Über Stimmungen der Informationsgesellschaft.
In: D. Klumpp, H. Kubicek, A. Roßnagel, W. Schulz (Hrsg.): Informationelles Vertrauen für die Informationsgesellschaft. Berlin/Heidelberg: Springer 2008, S. 53–62. Oder online abrufbar unter: https://
www.researchgate.net/publication/227014164_Zwischen_Vertrauen_und_Angst_Uber_Stimmun-
gen_der_Informationsgesellschaft .

59 **Vgl.: Richard Saul Wurman in:** Rafael Capurro: Zwischen Vertrauen und Angst. Über Stimmungen
der Informationsgesellschaft. In: D. Klumpp, H. Kubicek, A. Roßnagel, W. Schulz (Hrsg.): Informationelles Vertrauen für die Informationsgesellschaft. Berlin/Heidelberg: Springer 2008, S. 53–62. Oder
online abrufbar unter: https://www.researchgate.net/publication/227014164_Zwischen_Vertrau-
en_und_Angst_Uber_Stimmungen_der_Informationsgesellschaft .

60 **Tomáš Sedláček,** a. a. O., S.400.

61 **Dichotomes Denken.** Erklärung im Pschyrembel Online, abrufbar unter: https://www.pschyrembel.
de/Dichotomes%20Denken/P02VR .

62 **Vgl.: Anton Benz:** Grau in Grau. In: Spektrum.de. 10.01.2022. Online abrufbar unter: https://www.
spektrum.de/rezension/buchkritik-zu-schwarz-weiss-denken/1951747 .

63 **Ebd.**

64 **Zweig Stefan:** Zeiten und Schicksale. Aufsätze und Vorträge aus den Jahren 1902–1942. Band 6. Die
Weimarer Republik 1918/19–1933. „Die Monotonisierung der Welt" (1925). Frankfurt am Main: Fischer Verlag 1990. Online abrufbar unter: https://ghdi.ghi-dc.org/pdf/deu/PROB_ZWEIG_MONOTON_DEU.pdf .

65 **Vgl.: Hartmut Rosa:** Unverfügbarkeit. Berlin: Suhrkamp 2020.

66 Ebd.

67 Ebd.

68 **Petition gegen Digitalzwang des Vereins Digitalcourage** online abrufbar unter: https://digital-courage.de/blog/2024/petition-fuer-recht-auf-ein-leben-ohne-digitalzwang-gestartet .

69 Ebd.

70 Ebd.

71 **Steffen Mau, Thomas Lux, Linus Westheuser:** Triggerpunkte. Konsens und Konflikt in der Gegenwartsgesellschaft. Berlin: Suhrkamp 2023.

72 Ebd., S. 247.

73 Ebd., S. 247.

74 Ebd., S. 248.

75 **Denise Orlean:** Was heißt „NPC"? Das ist mit dem Jugendwort gemeint. In: RedaktionsNetzwerk Deutschland. 24.10.2023. Online abrufbar unter: https://www.rnd.de/wissen/npc-bedeutung-ist-das-jugendwort-eine-beleidigung-so-benutzt-man-es-IBKF2RRHHVH3JODBSGV7AQXUM4.html .

76 **Maik Herold, Janine Joachim, Cyrill Otteni, Hans Vorländer:** Polarisierung in Deutschland und Europa. Eine Studie zu gesellschaftlichen Spaltungstendenzen in zehn europäischen Ländern. MIDEM Studie 2023-2. Dresden: Mercator Forum Migration und Demokratie (MIDEM).

77 Ebd., S. 9.

78 Ebd., S. 10.

79 Ebd., S. 10.

80 Ebd., S. 11.

81 Ebd., S. 69.

82 Ebd., S. 11.

83 **NEOS:** Unser Glaube heißt Demokratie. Online abrufbar unter: https://parlament.neos.eu/unser-glaube-heisst-demokratie .

84 Ebd.

85 Ebd.

86 **Ulrich H. J. Körtner:** Ist Demokratie jetzt die neue Religion? In: „Die Presse" vom 14.06.2024, Ressort: Debatte, S. 26. Online abrufbar unter: https://www.diepresse.com/18563413/ist-demokratie-jetzt-die-neue-religion .

87 **Ethik –** Pflichtgegenstand für alle Schülerinnen und Schüler, die keinen schulischen Religionsunterricht besuchen. Beschluss des Nationalrates vom 20. November 2020, BGBl. I Nr. 133/2020. Online abrufbar unter: https://www.bmbwf.gv.at/Themen/schule/schulpraxis/ugbm/ethik.html .

88 **Peter Rosegger:** Als ich das erstemal auf dem Dampfwagen saß. Online abrufbar unter: https://www.projekt-gutenberg.org/rosegger/waldbaur/chap014.html .

89 Ebd.

90 **Jochen Mai:** Ist das Glas halb voll, halb leer oder ganz voll? Online abrufbar unter: https://karriere-bibel.de/glas-halb-voll/

91 **Kevin Dutton** in einem Interview mit dem Magazin GQ, von Christoph Eisenschink, 19. Mai 2021. Online abrufbar unter: https://www.gq-magazin.de/lifestyle/artikel/psychologe-kevin-dutton-im-gq-interview-warum-wir-schwarz-weiss-denken-und-was-wir-dagegen-tun-koennen .

92 **Christoph Eisenschink im Interview mit Kevin Dutton:** Warum wir schwarz-weiß denken – und was wir dagegen tun können. In: GQ Magazin. 19.05.2021. Online abrufbar unter: https://www.gq-magazin.de/lifestyle/artikel/psychologe-kevin-dutton-im-gq-interview-warum-wir-schwarz-weiss-denken-und-was-wir-dagegen-tun-konnen .

93 **Dieser Text erschien zuerst unter dem Titel:** „Beantwortung der Frage: Was ist Aufklärung?" in: „Berlinische Monatsschrift", Dezemberheft 1784, S. 481–494. Hier aus: Immanuel Kant: Was ist Aufklärung? In: UTOPIE kreativ, H. 159 (Januar 2004), S. 5–10. Online abrufbar unter: https://www.rosalux.de/fileadmin/rls_uploads/pdfs/159_kant.pdf

Impressum

Bibliografische Information der Deutschen Nationalbibliothek
Die Deutsche Nationalbibliothek verzeichnet diese Publikation in der Deutschen Nationalbibliografie; detaillierte bibliografische Daten sind im Internet über
http://dnb.d-nb.de abrufbar.

1. Auflage 2024
© 2024 by Braumüller GmbH
Servitengasse 5, A-1090 Wien
www.braumueller.at

Lektorat: Anita Luttenberger
Abb. S.136: AdobeStock©Intrépide
Druck und Bindung: Florjancic Tisk d.o.o, Perhavceva ulica 44, SI-2000 Maribor
ISBN 978-3-99100-392-2